Gedeihen mit ADHS in der Ehe

Ein Leitfaden für Paare mit bewährten Strategien zum Aufbau einer stärkeren und glücklicheren Beziehung

Monica Stokes

Inhaltsverzeichnis

Einführung

Die Ehe ist eine schöne, aber komplexe Reise, die von beiden Partnern kontinuierliche Anstrengung, Einfühlungsvermögen und Verständnis erfordert. Wenn jedoch einer oder beide Partner an ADHS (Aufmerksamkeitsdefizit-/Hyperaktivitätsstörung) leiden, kann sich der Weg noch herausfordernder anfühlen und voller einzigartiger Hindernisse sein, die die Stärke jeder Beziehung auf die Probe stellen können. In vielen Fällen können sich kleine Frustrationen wie Vergesslichkeit, impulsives Verhalten oder Schwierigkeiten, organisiert zu bleiben, zu ernsteren Problemen entwickeln, einschließlich Kommunikationsstörungen, Vertrauensproblemen und emotionaler Trennung. Doch trotz dieser Herausforderungen können Paare dennoch starke, blühende Ehen aufbauen, in denen sich beide Partner geliebt, verstanden und unterstützt fühlen.

Dieses Buch, *Mit ADHS in der Ehe erfolgreich sein: Ein Leitfaden für Paare mit bewährten Strategien zum Aufbau einer stärkeren, glücklicheren Beziehung soll* Ihnen dabei helfen, diese Komplexität mit Mitgefühl und Zuversicht zu meistern. Aufgrund meiner jahrelangen Erfahrung als Eheberaterin und ADHS-Expertin habe ich aus erster Hand gesehen, wie ADHS tiefgreifende Auswirkungen auf Beziehungen haben kann. Aber ich habe auch erlebt, wie Paare mit den richtigen Strategien und der richtigen Einstellung diese Schwierigkeiten überwinden und gemeinsam mehr Freude und Erfüllung finden können.

ADHS betrifft Millionen Erwachsene auf der ganzen Welt, und viele von ihnen planen eine Ehe oder eine langfristige Partnerschaft. Trotz seiner Verbreitung wird ADHS oft missverstanden, was dazu führt, dass sich Paare in ihren Kämpfen frustriert, verwirrt und allein fühlen. Dieses Buch soll diese Erzählung ändern. Es ist ein Leitfaden für Paare, die bereit sind, sich den Herausforderungen zu stellen, die

ADHS mit sich bringt, und sich auf eine gesündere, glücklichere Beziehung einzulassen, die auf gegenseitigem Respekt, Geduld und Liebe basiert.

In den kommenden Kapiteln werden wir die vielen Möglichkeiten erkunden, wie ADHS die Ehe beeinflussen kann – von Kommunikationsmustern bis hin zu emotionaler Regulierung, von Zeitmanagement bis hin zu Intimität. Wir tauchen tief in die Wissenschaft hinter ADHS ein und helfen Ihnen zu verstehen, wie es das Verhalten beeinflusst, und wir bieten umsetzbare Strategien an, die auf die individuellen Bedürfnisse Ihrer Beziehung zugeschnitten sind.

In diesem Buch geht es nicht nur darum, den Umgang mit ADHS zu lernen; Es geht darum, zu lernen, in der Ehe gedeihen zu können, und zwar aufgrund der Stärken und der Kreativität, die ADHS mit sich bringen kann. Mit Geduld, Absicht und den richtigen Werkzeugen können Sie scheinbar unüberwindbare Hindernisse in

Chancen für Wachstum und Kontakte verwandeln.

Sie werden praktische Techniken entdecken, um die Kommunikation zu verbessern, die emotionale Intimität zu fördern und die alltäglichen Aspekte des gemeinsamen Lebens zu bewältigen. Sie lernen, die Bedürfnisse des anderen auszugleichen, Ihren Partner zu unterstützen, ohne sich selbst zu opfern, und Systeme zu schaffen, die Ihnen helfen, organisiert und auf dem richtigen Weg zu bleiben. Am wichtigsten ist, dass Sie ein tieferes Verständnis dafür entwickeln, wie sich ADHS auf Sie und Ihren Partner auswirkt, und Ihnen die Möglichkeit geben, Ihre Beziehung mit Mitgefühl, Belastbarkeit und einem offenen Herzen anzugehen.

Ganz gleich, ob bei Ihnen oder Ihrem Partner kürzlich ADHS diagnostiziert wurde oder ob Sie seit Jahren mit den Auswirkungen zu kämpfen haben, dieses Buch ist genau das Richtige für Sie. Es bietet einen umfassenden Leitfaden zum Aufbau einer Ehe, die nicht nur überlebt, sondern auch gedeiht. Das Ziel ist nicht Perfektion, sondern Fortschritt – die Schaffung einer Beziehung, in der sich beide Partner wertgeschätzt, unterstützt und wertgeschätzt fühlen, so wie sie wirklich sind.

Kapitel 1: ADHS in der Ehe verstehen

Die Ehe wird oft als eine Partnerschaft beschrieben, die auf Liebe, gegenseitigem Respekt und gemeinsamen Erfahrungen basiert. Wenn jedoch einer oder beide Partner an ADHS leiden, kann diese Partnerschaft vor besonderen Herausforderungen stehen, die von keiner der beiden Parteien sofort verstanden werden. Bevor Sie sich mit den Strategien befassen, die Ihnen und Ihrem Ehepartner dabei helfen können, erfolgreich zu sein, ist es wichtig, ein grundlegendes Verständnis von ADHS und dessen Einfluss auf Beziehungen zu erlangen.

Überblick über ADHS und seine Auswirkungen auf Beziehungen

ADHS oder Aufmerksamkeitsdefizit-/Hyperaktivitätsstörung ist eine neurologische Entwicklungsstörung, die durch Muster von Unaufmerksamkeit, Impulsivität und Hyperaktivität gekennzeichnet ist. Obwohl diese Merkmale oft mit der Kindheit in Verbindung gebracht werden, betrifft ADHS weiterhin viele Erwachsene und beeinflusst ihre Arbeit, ihr Privatleben und vor allem ihre Beziehungen. Im Zusammenhang mit der Ehe können sich die Symptome von ADHS oft auf eine Weise zeigen, die die traditionelle Beziehungsdynamik in Frage stellt und zu Missverständnissen, Frustration und emotionaler Distanz führt, wenn sie nicht angegangen wird.

Beispielsweise kann es einem Partner mit ADHS schwer fallen, Versprechen einzuhalten, wichtige Termine oder Aufgaben zu vergessen oder sich bei Streitigkeiten impulsiv zu verhalten. Diese Verhaltensweisen, die auf neurologische Unterschiede zurückzuführen sind, können leicht als Mangel an Fürsorge, Verantwortung oder Aufmerksamkeit für die Beziehung fehlinterpretiert werden. Der Partner ohne ADHS fühlt sich möglicherweise vernachlässigt oder nicht wertgeschätzt, während sich der Partner mit ADHS ständig kritisiert oder missverstanden fühlt.

Die Realität ist, dass ADHS mehr als nur Konzentration und Aufmerksamkeit beeinträchtigt; Es kann beeinflussen, wie eine Person Emotionen erlebt, Informationen verarbeitet und mit ihrem Partner interagiert. Für viele Paare ist dieses Verständnis der erste Schritt zur Heilung und zum Wachstum.

Mit Mythen und Missverständnissen aufräumen

Leider gibt es viele Missverständnisse über ADHS, und diese Missverständnisse können Beziehungsschwierigkeiten aufrechterhalten. Ein verbreiteter Mythos besagt, dass ADHS einfach ein Mangel an Disziplin ist oder dass Menschen mit ADHS sich einfach mehr anstrengen müssen. Dieser Glaube kann in einer Ehe schädlich sein, da er die tatsächlichen neurologischen Herausforderungen heruntergespielt und dazu führen kann, dass der Partner, der nicht an ADHS leidet, verärgert wird und denkt, dass sein Ehepartner sich einfach nicht genug anstrengt.

Ein weiteres Missverständnis ist, dass ADHS nur Kinder betrifft. Viele Erwachsene mit ADHS wurden im Kindesalter nie diagnostiziert, was dazu führte, dass sie ohne das Wissen oder die Mittel zur wirksamen Behandlung ihrer Symptome ins Erwachsenenalter eintreten. Wenn ADHS in einer Ehe unerkannt bleibt, kann dies Probleme wie schlechte Kommunikation, fehlende Verantwortung und emotionale Dysregulation verschlimmern und es schwieriger machen, Konflikte zu lösen oder Vertrauen aufzubauen.

Es ist auch wichtig, die Vorstellung zu widerlegen, dass ADHS eine „Entschuldigung" für problematisches Verhalten sei. Obwohl ADHS zu bestimmten Herausforderungen beitragen kann, entbindet es den Einzelnen nicht von der Verantwortung, an der Verbesserung seiner selbst und seiner Beziehungen zu arbeiten. Das Verständnis von ADHS ermöglicht es beiden Partnern, die Ursachen ihrer Herausforderungen anzugehen, anstatt sich gegenseitig die Schuld zu geben oder sich hoffnungslos zu fühlen.

Wie sich ADHS in romantischen Partnerschaften manifestiert

ADHS äußert sich bei jedem Menschen unterschiedlich, und diese Variabilität erstreckt sich auch auf romantische Beziehungen. In manchen Ehen kann ADHS mit Hyperfokus einhergehen – einer intensiven Konzentration auf eine Aufgabe oder ein Interesse unter Ausschluss von allem anderen. Während Hyperfokus ein wirksames Werkzeug für die Produktivität sein kann, kann es auch zu Beziehungsspannungen führen, wenn sich der nicht an ADHS leidende Partner in diesen Phasen vernachlässigt oder ignoriert fühlt.

Am anderen Ende des Spektrums kann Unaufmerksamkeit zu Herausforderungen führen. Ein Partner mit ADHS vergisst möglicherweise, Hausarbeiten zu erledigen, verpasst wichtige Ereignisse oder hat Schwierigkeiten, organisierte Routinen aufrechtzuerhalten. Diese Verhaltensweisen können zu einem Ungleichgewicht in der Beziehung führen, wobei sich der Nicht-ADHS-Partner durch die erhöhte Verantwortung belastet fühlt.

Impulsivität ist ein weiteres Kennzeichen von ADHS, das sich auf Beziehungen auswirken kann. Diese Impulsivität kann sich darin äußern, dass man aus der Reihe spricht, Entscheidungen trifft, ohne den Partner zu konsultieren, oder dass man bei Meinungsverschiedenheiten leicht frustriert wird. In einer Ehe kann Impulsivität zu Streit oder verletzten Gefühlen führen, wenn sie nicht richtig gehandhabt wird.

Schließlich tritt bei ADHS häufig eine emotionale Dysregulation auf – eine Schwierigkeit, mit intensiven Emotionen umzugehen – und kann Beziehungsprobleme verschlimmern. Dies kann sich in Jähzorn, Stimmungsschwankungen oder unverhältnismäßigen emotionalen Reaktionen auf Alltagssituationen äußern.

Erforschung des ADHS-Gehirns und der Verhaltensmuster

Um ADHS wirklich zu verstehen, ist es wichtig, die neurologischen Grundlagen der Erkrankung zu erforschen. Das ADHS-Gehirn zeichnet sich durch Unterschiede in der Dopamin Regulation aus, die sich auf Motivation, Konzentration und die Fähigkeit, Befriedigungen hinauszuzögern, auswirken können. Diese neurochemischen Unterschiede sind keine Frage der Willenskraft oder der persönlichen Entscheidung, sondern sind Teil der Gehirnstruktur des Einzelnen.

In der Ehe ist das Verständnis dieser neurologischen Muster der Schlüssel zur Entwicklung von Empathie und Geduld. Wenn ein Partner mit ADHS Schwierigkeiten hat, Aufgaben zu erledigen oder organisiert zu bleiben, liegt das oft nicht an einem mangelnden Wunsch, etwas beizutragen, sondern an einer Herausforderung, die in der Art und Weise liegt, wie sein Gehirn Informationen und Aufgaben verarbeitet.

Dieses Verständnis kann auch dazu beitragen, die emotionale Belastung zu verringern, die ADHS-bedingte Herausforderungen für die Beziehung bedeuten können, und ein Umfeld der Zusammenarbeit und des Wachstums fördern.

Kapitel 2: Die Diagnose: Was sie für beide Partner bedeutet

Als Erwachsener eine ADHS-Diagnose zu erhalten, kann ein tiefgreifendes, lebensveränderndes Ereignis sein, sowohl für die diagnostizierte Person als auch für ihren Ehepartner. Es bringt oft ein Gefühl der Erleichterung mit sich, wenn jahrelange Verwirrung und Frustration plötzlich durch eine klare, wissenschaftliche Ursache erklärt werden. Es kann jedoch auch eine Reihe von Emotionen hervorrufen, von Angst und Unsicherheit bis hin zu Hoffnung und Optimismus. Für beide Partner in einer Ehe ist es entscheidend, zu verstehen, was die Diagnose bedeutet und wie sie sich in der neuen Landschaft zurechtfinden, um voranzukommen.

Die emotionale Reise zum Erhalt einer ADHS-Diagnose

Für den Partner mit ADHS kann die Diagnose eine Mischung aus Emotionen mit sich bringen.

Auf der einen Seite gibt es eine Bestätigung – schließlich gibt es einen Grund für die Schwierigkeiten mit Konzentration, Organisation oder emotionaler Regulierung, die sich nicht nur auf das Privatleben, sondern auch auf die Ehe ausgewirkt haben. Andererseits kann es zu Schuldgefühlen oder Schamgefühlen kommen, weil die Erkrankung nicht früher erkannt wurde, oder zu Angst davor, dass die Diagnose die Beziehung verändern wird.

Für den Nicht-ADHS-Partner kann die Diagnose auch emotional belastend sein. Es kann Klarheit schaffen und ihnen helfen, Verhaltensweisen zu verstehen, die sie zuvor als verwirrend oder frustrierend empfunden haben. Es kann jedoch auch Ängste darüber auslösen, was die Zukunft bringt und wie sie ihren Partner in Zukunft am besten unterstützen können.

Die Anerkennung dieser Emotionen ist wichtig, da beide Partner Raum brauchen, um die Diagnose einzeln und gemeinsam zu verarbeiten. Offene und ehrliche Gespräche über diese Gefühle können dazu beitragen, Ressentiments vorzubeugen und sicherzustellen, dass sich beide Partner bei der Anpassung an die neue Realität unterstützt fühlen.

Wie sich die Diagnose auf die Dynamik der Ehe auswirkt

Eine ADHS-Diagnose kann die Dynamik einer Ehe auf verschiedene Weise verändern. Anfangs mag es sich anfühlen, als sei eine Last von ihnen gefallen, da das Paar nun über einen Rahmen verfügt, um einige der Herausforderungen zu verstehen, mit denen es konfrontiert war. Diese Erleichterung könnte jedoch durch die Erkenntnis gemildert werden, dass ADHS nicht über Nacht „reparierbar" ist. Stattdessen erfordert es eine fortlaufende Verwaltung und Anstrengung von beiden Partnern.

Die Diagnose kann auch zu einer Neudefinition der Rollen innerhalb der Ehe führen. Beispielsweise hat der Nicht-ADHS-Partner möglicherweise mehr Verantwortung übernommen, um die Schwierigkeiten des ADHS-Partners mit der Organisation oder der

Durchsetzung zu kompensieren. Jetzt, da die Diagnose vorliegt, kann es zu Diskussionen über eine Neuverteilung dieser Rollen oder die Suche nach neuen Systemen kommen, die für beide Partner funktionieren.

Darüber hinaus kann die Diagnose Auswirkungen darauf haben, wie Paare an die Konfliktlösung herangehen. Früher wurden Missverständnisse möglicherweise auf Persönlichkeitsunterschiede oder mangelnde Anstrengung zurückgeführt. Mit einer ADHS-Diagnose kann das Paar seine Perspektive ändern und sich darauf konzentrieren, wie es ADHS-spezifische Herausforderungen angeht, anstatt sie als persönliches Versagen zu betrachten.

Aufbau von Empathie und Verständnis zwischen Partnern

Eine Schlüsselkomponente für das Gedeihen mit ADHS in der Ehe ist Empathie. Beide Partner müssen ein tiefes Verständnis dafür entwickeln, wie sich ADHS auf das Verhalten, die

Emotionen und die Entscheidungsfindung des diagnostizierten Partners auswirkt. Ebenso wichtig ist es für den ADHS-Partner, die Auswirkungen seiner Erkrankung auf seinen Ehepartner zu erkennen, insbesondere in Bereichen, in denen sich der Ehepartner möglicherweise überfordert oder nicht unterstützt fühlt.

Der Aufbau von Empathie erfordert kontinuierliche Aufklärung und Kommunikation. Paare sollten versuchen, so viel wie möglich über ADHS zu erfahren – das Lesen von Büchern, die Teilnahme an einer Therapie oder der Beitritt zu Selbsthilfegruppen können in dieser Hinsicht hilfreich sein. Indem Paare lernen, ADHS-bedingte Verhaltensweisen durch die Linse des Mitgefühls statt des Urteils zu betrachten, können sie ein Umfeld schaffen, in dem sich beide Partner verstanden und wertgeschätzt fühlen.

Kommunikationsstrategien nach der Diagnose

Nach einer ADHS-Diagnose ist eine klare und konsistente Kommunikation unerlässlich. Beide Partner müssen besprechen, wie sich die Diagnose auf ihre Beziehung auswirkt und welche Anpassungen sie für die Zukunft vornehmen müssen. Es ist wichtig, realistische Erwartungen zu setzen und zu bedenken, dass Fortschritte Zeit brauchen.

Eine der effektivsten Kommunikationsstrategien ist die Einrichtung regelmäßiger Check-ins, bei denen beide Partner offen besprechen können, wie sie sich fühlen, was gut funktioniert und wo sie möglicherweise mehr Unterstützung benötigen. Diese Gespräche sollten so strukturiert sein, dass Schuldzuweisungen minimiert werden und der Schwerpunkt auf Lösungen liegt, die beiden Partnern zugutekommen.

Auch aktives Zuhören wird entscheidend. Der ADHS-Partner sollte sich bemühen, an den

Gesprächen beteiligt zu bleiben, während der Nicht-ADHS-Partner Geduld üben und es vermeiden sollte, den Dialog zu unterbrechen oder zu überstürzen. Beide sollten zusammenarbeiten, um potenzielle Kommunikationsbarrieren zu identifizieren und Methoden zu finden, um in Verbindung zu bleiben, z. B. durch die Verwendung von Erinnerungen, das Schreiben von Notizen oder die Vereinbarung von Kommunikation, Hinweisen, die dazu beitragen, Missverständnisse zu vermeiden.

Kapitel 3: Emotionale Achterbahnfahrten: Mit intensiven Emotionen umgehen

Die Ehe ist eine zutiefst emotionale Reise, und wenn einer oder beide Partner an ADHS leiden, können sich diese Emotionen manchmal wie eine unvorhersehbare Achterbahnfahrt anfühlen. Emotionale Dysregulation ist eine häufige Herausforderung für Menschen mit ADHS und kann eine erhebliche Belastung für eine Beziehung darstellen, wenn sie nicht kontrolliert wird. Für den Aufbau einer gesünderen, widerstandsfähigen Partnerschaft ist es entscheidend zu verstehen, wie Emotionen in ADHS-Ehen erlebt und ausgedrückt werden.

Emotionale Dysregulation bei ADHS verstehen

Emotionale Dysregulation bezieht sich auf die Schwierigkeit, Emotionen zu bewältigen und zu kontrollieren – insbesondere intensive Emotionen wie Frustration, Wut, Traurigkeit oder sogar Aufregung. Bei vielen Menschen mit ADHS ist die Fähigkeit des Gehirns, Emotionen zu regulieren, aufgrund unterschiedlicher Neurotransmitter Aktivitäten, insbesondere Dopamin und Noradrenalin, beeinträchtigt. Dies kann zu plötzlichen Stimmungsschwankungen, erhöhter Kritikempfindlichkeit oder anhaltenden emotionalen Reaktionen auf scheinbar unbedeutende Situationen führen.

In der Ehe kann emotionale Dysregulation ein volatiles Umfeld schaffen, in dem kleine Meinungsverschiedenheiten schnell zu größeren Konflikten eskalieren. Der ADHS-Partner fühlt sich möglicherweise von seinen eigenen Emotionen überwältigt und hat Schwierigkeiten, sich zu beruhigen oder die Situation objektiv zu sehen, während der Nicht-ADHS-Partner möglicherweise verwirrt, verletzt oder nicht in der Lage ist, seine eigenen Emotionen effektiv zu kommunizieren.

Auch wenn eine emotionale Dysregulation eine Herausforderung darstellen kann, ist es wichtig zu erkennen, dass es sich dabei um ein Symptom von ADHS handelt und nicht um eine Widerspiegelung des Charakters oder der Absicht einer Person. Indem Sie die Rolle emotionaler Dysregulation in Ihrer Beziehung anerkennen, können Sie gemeinsam daran arbeiten, gesündere emotionale Reaktionen und Strategien zur Beruhigung intensiver Emotionen zu entwickeln, bevor diese Ihre Verbindung stören.

Wie Emotionen Konfliktlösung und Kommunikation beeinflussen

Emotionen spielen eine wichtige Rolle dabei, wie Paare Konflikte bewältigen und miteinander kommunizieren. In einer ADHS-Ehe können diese Emotionen manchmal das Urteilsvermögen trüben und es schwierig machen, Probleme ruhig und rational zu lösen. Emotionale Dysregulation kann während einer Meinungsverschiedenheit Frustration, Gefühle verstärken und dazu führen, dass ein Partner überreagiert oder sich zurückzieht, was wiederum zu Missverständnissen und weiterer emotionaler Distanz führen kann.

Beispielsweise kann ein Partner mit ADHS während eines Streits schnell überfordert sein und impulsiv um sich schlagen, während der Partner ohne ADHS dies möglicherweise persönlich nimmt, was zu verletzten Gefühlen und Groll führt. Alternativ kann es sein, dass der ADHS-Partner völlig abschaltet und seine Gefühle nicht ausdrücken kann, was dazu führen kann, dass sich sein Ehepartner ignoriert oder abgewiesen fühlt.

Wenn die Emotionen hochkochen, ist es wichtig zu erkennen, dass diese Reaktionen oft das Ergebnis der Schwierigkeiten des ADHS-Gehirns sind, Emotionen effektiv zu verarbeiten. Die Konfliktlösung in einer ADHS-Ehe muss daher Strategien zur Bewältigung dieser intensiven Emotionen umfassen und beiden Partnern Raum geben, sich auszudrücken, ohne eine Eskalation befürchten zu müssen.

Strategien zur Verwaltung und Regulierung von Emotionen innerhalb der Beziehung

Der Umgang mit Emotionen in einer ADHS-Ehe erfordert, dass beide Partner aktiv an Strategien zur emotionalen Regulierung arbeiten. Hier einige praktische Ansätze:

- **Identifizieren Sie emotionale Auslöser**: Beide Partner sollten daran arbeiten, bestimmte Situationen oder Verhaltensweisen zu identifizieren, die dazu neigen, intensive emotionale Reaktionen auszulösen. Dazu kann gehören, dass man sich gehetzt fühlt, Kritik erfährt oder mit unerwarteten Veränderungen umgeht. Sobald diese Auslöser erkannt werden, können Sie gemeinsam daran arbeiten, sie zu vermeiden oder abzuschwächen.
- **Halten Sie inne, bevor Sie reagieren**: Eine der effektivsten Strategien zur Bewältigung

emotionaler Dysregulation besteht darin, eine Pause einzulegen, bevor man auf eine Situation reagiert. Wenn die Emotionen überhandnehmen, kann ein Schritt zurück zum Durchatmen und zur Ruhe impulsive Ausbrüche oder Entscheidungen verhindern. Ermutigen Sie sich gegenseitig, sich einen Moment Zeit zu nehmen, um Gedanken zu sammeln, bevor Sie in hitzigen Momenten reagieren.

- **Verwenden Sie Techniken zur emotionalen Regulierung**: Das Üben von Achtsamkeit, tiefem Atmen oder Meditation kann dem ADHS-Partner helfen, die Kontrolle über seine Emotionen zurückzugewinnen, wenn er sich überfordert fühlt. Ebenso kann die Ausübung körperlicher Aktivitäten wie Yoga oder Sport dazu beitragen, aufgestaute Energie freizusetzen und die emotionale Intensität zu reduzieren.

- **Schaffen Sie eine ruhige Umgebung**: Wenn die Emotionen eskalieren, kann es hilfreich sein, sich von der unmittelbaren Situation zu lösen und sich in eine ruhigere Umgebung zu begeben. Vereinbaren Sie einen neutralen Raum, in den sich beide Partner zurückziehen können, um zu deeskalieren und ihre Gedanken zu sammeln, bevor sie das Gespräch fortsetzen.

- **Bestätigen Sie die Gefühle des anderen**: Emotionale Bestätigung ist ein wirksames Werkzeug in jeder Beziehung. Erkennen Sie die Gefühle des anderen an, ohne zu urteilen. Wenn Sie sagen: „Ich verstehe, warum Sie sich so fühlen, kann dies viel dazu beitragen, emotionale Spannungen abzubauen und einen gesünderen Dialog zu fördern.

Gemeinsam emotionale Belastbarkeit aufbauen

Der Aufbau emotionaler Widerstandsfähigkeit als Paar erfordert kontinuierliche Anstrengung und Engagement. Resilienz ist die Fähigkeit, sich von Herausforderungen und emotionalen Umwälzungen zu erholen, und sie ist besonders wichtig in ADHS-Ehen, in denen die Emotionen oft turbulent sein können.

Beginnen Sie damit, offene Gespräche darüber zu führen, wie Sie beide Emotionen erleben und was Sie in schwierigen Zeiten voneinander brauchen. Dies kann dazu beitragen, ein vertrauensvolles Umfeld zu schaffen, in dem sich beide Partner sicher fühlen und ihre Gefühle äußern können, ohne Angst vor Urteil oder Kritik zu haben.

Bemühen Sie sich außerdem bewusst darum, kleine Erfolge zu feiern. Wenn Sie gemeinsam eine schwierige emotionale Situation erfolgreich meistern, nehmen Sie sich Zeit, dies anzuerkennen. Dies stärkt das positive Verhalten und stärkt das Vertrauen in Ihre Fähigkeit, zukünftige Herausforderungen zu meistern.

Mit der Zeit werden diese Bemühungen beiden Partnern dabei helfen, eine stärkere emotionale Belastbarkeit zu entwickeln, sodass Ihre Ehe auch angesichts intensiver Emotionen gedeihen kann.

Kapitel 4:
Kommunikationsausfall: Behebung der Unterbrechung

Kommunikation ist die Grundlage jeder erfolgreichen Ehe. Allerdings kann ADHS erhebliche Hindernisse für eine effektive Kommunikation schaffen und zu Missverständnissen, Frustration und Trennung zwischen den Partnern führen. Die Behebung dieser Störungen erfordert sowohl ein Bewusstsein für die einzigartigen Herausforderungen, die ADHS mit sich bringt, als auch die Verpflichtung, neue Kommunikationsmuster zu entwickeln, die für beide Partner funktionieren.

Häufige Kommunikationsprobleme in ADHS-Beziehungen

In ADHS-Ehen kann es aus verschiedenen Gründen zu Kommunikationsstörungen kommen. Zu den häufigsten Problemen gehören:

- **Unterbrechungen**: Impulsivität ist ein Kennzeichen von ADHS und kann sich in häufigen Unterbrechungen bei Gesprächen äußern. Dem ADHS-Partner fällt es möglicherweise schwer, zu warten, bis er mit dem Sprechen an der Reihe ist, was zu Frustration bei Nicht-ADHS-Partner führt, der sich möglicherweise ungehört oder abgewiesen fühlt.

- **Vergesslichkeit**: ADHS kann das Gedächtnis und die Folge Fähigkeit beeinträchtigen, was dazu führen kann, dass Aufgaben vergessen werden, Termine verpasst oder Versprechen nicht eingehalten werden. Dies kann zu Gefühlen der Enttäuschung oder des Grolls bei Nicht-ADHS-Partner führen.

- **Unaufmerksamkeit**: Während Gesprächen fällt es dem ADHS-Partner möglicherweise schwer, konzentriert zu bleiben, was zu Missverständnissen oder dem Eindruck führt, dass er nicht voll engagiert ist. Dies kann Gefühle der Trennung und Frustration hervorrufen.

- **Impulsive Reaktionen**: Impulsivität kann auch dazu führen, dass man unüberlegt spricht, was in Gesprächen zu verletzenden oder taktlosen Kommentaren führen kann. Diese impulsiven Reaktionen können die Beziehung belasten und Konflikte unnötig eskalieren lassen.

Techniken zur Verbesserung der Hör- und Sprechfähigkeiten

Um die Kommunikation in einer ADHS-Ehe zu verbessern, müssen beide Partner aktiv an ihren Hör- und Sprechfähigkeiten arbeiten. Hier sind einige Techniken, die Sie in Betracht ziehen sollten:

- **Aktives Zuhören**: Beim aktiven Zuhören geht es darum, sich voll und ganz auf die Worte Ihres Partners zu konzentrieren, ohne Ihre Reaktion während des Sprechens zu planen. Dies kann besonders für

Menschen mit ADHS, die sich leicht ablenken lassen, eine Herausforderung darstellen. Üben Sie, Augenkontakt aufrecht erhalten, zu nicken, um Engagement zu zeigen, und zusammenzufassen, was Ihr Partner gesagt hat, bevor Sie antworten, um sicherzustellen, dass Sie seinen Standpunkt verstanden haben.

- **Verwenden Sie visuelle Hinweise**: Für den ADHS-Partner kann die Verwendung visueller Hinweise oder schriftlicher Erinnerungen während Gesprächen dabei helfen, den Fokus aufrechtzuerhalten. Erwägen Sie, wichtige Punkte aufzuschreiben oder bei wichtigen Diskussionen eine Checkliste zu verwenden, um den Überblick zu behalten.
- **Legen Sie Zeitlimits für Gespräche fest**: Um zu verhindern, dass Gespräche überwältigend

werden, legen Sie Zeitlimits für Diskussionen fest. Vereinbaren Sie, das Thema später erneut aufzugreifen, wenn es zu hitzig wird oder der ADHS-Partner Schwierigkeiten hat, konzentriert zu bleiben. Dies kann langwierige Gespräche verhindern, die bei beiden Parteien frustrierend sein könnten.

- **Üben Sie Geduld und wechseln Sie sich ab**: Beide Partner sollten sich in Geduld üben, indem sie abwechselnd sprechen. Legen Sie die Grundregel fest, dass jeder Partner die Möglichkeit erhält, sich vollständig auszudrücken, bevor der andere antwortet. Dies kann dazu beitragen, Unterbrechungen zu vermeiden und sicherzustellen, dass beide Stimmen gehört werden.

Umgang mit Unterbrechungen, Impulsivität und Vergesslichkeit

Unterbrechungen und Impulsivität können in ADHS-Ehen besonders störend sein, aber es gibt Strategien, um diesen Herausforderungen zu begegnen:

- **Kommunikationssignale implementieren**: Signale einrichten, die verwendet werden können, wenn ein Partner den anderen unterbricht. Wenn Sie beispielsweise die Hand heben oder ein bestimmtes Wort verwenden, können Sie ihn sanft daran erinnern, zu warten, bis der andere Partner mit dem Sprechen fertig ist.
- **Über das Pausieren**: Ermutigen Sie den ADHS-Partner, vor dem Sprechen Pausen einzulegen. Dies kann dazu beitragen, impulsive Kommentare zu reduzieren und ihnen Zeit zu geben, ihre Gedanken zu verarbeiten, bevor sie antworten.
- **Nutzen Sie Erinnerungen für wichtige Gespräche**: Um der Vergesslichkeit

entgegenzuwirken, verwenden Sie Erinnerungen wie Haftnotizen, Alarme oder gemeinsam genutzte digitale Kalender, um den Überblick über wichtige Diskussionen oder Verpflichtungen zu behalten. Dies kann dazu beitragen, dass wichtige Punkte nach Ende des Gesprächs nicht verloren gehen oder vergessen werden.

Gesunde Kommunikationsmuster schaffen

Die Entwicklung gesunder Kommunikationsmuster ist entscheidend, um Trennungen zu beheben und eine stärkere Ehe aufzubauen. Einige wirksame Strategien umfassen:

- **Nehmen Sie sich regelmäßig Zeit für die Kommunikation**: Planen Sie regelmäßige Check-ins ein, bei denen beide Partner ihre Gedanken, Gefühle und aufgetretenen Probleme besprechen können. Diese spezielle Zeit trägt dazu bei, dass wichtige Gespräche im Chaos des Alltags nicht übersehen werden.

- **Verwenden Sie „Ich"-Aussagen**: Wenn Sie schwierige Themen besprechen, verwenden Sie „Aussagen", um Ihre Gefühle auszudrücken, anstatt Ihrem Partner die Schuld zu geben. Sagen Sie zum Beispiel: „Ich bin frustriert, wenn Aufgaben vergessen werden" statt „Man vergisst immer Dinge." Dieser Ansatz fördert offene Kommunikation, ohne Abwehrhaltung auszulösen.

- **Setzen Sie klare Grenzen**: Setzen Sie Grenzen dafür, wie und wann schwierige Gespräche stattfinden. Vereinbaren Sie, sensible Themen zu meiden, wenn die Emotionen hochkochen oder ein Partner abgelenkt ist. Dadurch wird sichergestellt, dass Gespräche stattfinden, wenn beide Partner in der bestmöglichen Einstellung sind, effektiv zu kommunizieren.

- **Konzentrieren Sie sich auf Lösungen**: Wenn Konflikte auftreten, verlagern Sie den Fokus vom Problem auf die Lösung. Beide Partner sollten zusammenarbeiten, um konstruktive Wege zu finden, das Problem anzugehen, anstatt sich auf vergangene Fehler zu besinnen. Dieser Ansatz fördert eine zukunftsorientierte Denkweise und trägt dazu bei, dass Kommunikation Ausfälle nicht zu wiederkehrenden Problemen werden.

Kapitel 5: Konfliktbewältigung in einer ADHS-Ehe

Konflikte sind ein unvermeidlicher Teil jeder Ehe, aber wenn ADHS im Spiel ist, können Konflikte schneller eskalieren und schwieriger zu lösen sein. Die Impulsivität, die emotionale Intensität und die Kommunikationsschwierigkeiten, die oft mit ADHS einhergehen, können es schwierig machen, Meinungsverschiedenheiten ruhig und konstruktiv zu bewältigen. Mit Bewusstsein, Verständnis und praktischen Strategien können Paare jedoch Konflikte auf eine Weise bewältigen, die ihre Beziehung stärkt, anstatt sie zu untergraben.

Identifizieren häufiger Auslöser für Konflikte

Einer der ersten Schritte zur Konfliktbewältigung in einer ADHS-Ehe besteht darin, die gemeinsamen Auslöser zu identifizieren, die den Grundstein für Meinungsverschiedenheiten legen. Für viele

Paare drehen sich diese Auslöser oft um folgende Probleme:

- **Vergesslichkeit oder Unaufmerksamkeit:** Ein Partner kann sich verletzt oder frustriert fühlen, wenn der andere wichtige Termine, Aufgaben oder Details eines Gesprächs vergisst.
- **Desorganisation und Unordnung:** Die Schwierigkeiten des ADHS-Partners mit der Organisation können zu einer chaotischen Umgebung führen, die den Nicht-ADHS-Partner, der Wert auf Ordnung und Struktur legt, frustrieren kann.
- **Impulsivität:** Spontane Entscheidungen oder Handlungen, wie z. B. impulsive Ausgaben oder Pläne ohne Rücksprache mit dem anderen Partner, können zu Spannungen und Gefühlen des Verrats führen.
- **Emotionale Sensibilität:** Möglicherweise neigen beide Partner zu gesteigerten

Emotionen, was dazu führen kann, dass Konflikte schnell eskalieren.

Wie ADHS die Konflikteskalation beeinflusst

ADHS kann die Eskalation von Konflikten in einer Ehe maßgeblich beeinflussen. Bei Menschen mit ADHS kann es zu einer emotionalen Dysregulation kommen, was bedeutet, dass sie Schwierigkeiten haben, ihre Emotionen effektiv zu kontrollieren. Dies kann bei Auseinandersetzungen zu heftigen Reaktionen führen, die einen produktiven Dialog erschweren. Emotionale Ausbrüche, Rückzug oder Abschalten sind häufige Reaktionen, die die Konfliktlösung zusätzlich erschweren können.

Darüber hinaus kann ADHS-bedingte Impulsivität dazu führen, dass ein Partner im Eifer des Gefechts Dinge sagt oder tut, die er später bereut, was die Spannung noch verstärkt. Der Partner, der nicht an ADHS leidet, kann sich durch diese Reaktionen überfordert oder verletzt fühlen, was zu einem Teufelskreis aus Schuldzuweisungen und Abwehrhaltung führt.

Wenn Konflikte im Laufe der Zeit nicht konstruktiv gelöst werden, können sie das Vertrauen und die Intimität in der Beziehung untergraben.

Techniken zur Deeskalation und Kompromissfindung

Der Schlüssel zur Konfliktbewältigung in einer ADHS-Ehe besteht darin, zu lernen, wie man Spannungen deeskaliert, bevor sie einen Bruchpunkt erreichen. Hier sind einige bewährte Techniken:

- **Innehalten und nachdenken:** Wenn die Emotionen hochkochen, ist es wichtig, eine Pause einzulegen, bevor man reagiert. Beide Partner sollten üben, einen Schritt zurückzutreten, wenn sie sich überfordert fühlen, und sich etwas Zeit zum Abkühlen gönnen, bevor sie das Gespräch fortsetzen.
- **Aktives Zuhören:** Aktives Zuhören ist für beide Partner wichtig. Dazu

gehört, wirklich zuzuhören, was Ihr Partner sagt, ohne ihn zu unterbrechen, zu beurteilen oder voreilige Schlussfolgerungen zu ziehen. Wenn Sie das Gehörte noch einmal reflektieren, können Sie dafür sorgen, dass sich beide Partner verstanden fühlen.

- **Verwenden Sie „Ich"-Aussagen:** Anstatt Ihrem Partner die Schuld für den Konflikt zu geben, verwenden Sie „Ich"-Aussagen, um Ihre Gefühle auszudrücken. Zum Beispiel: „Ich bin frustriert, wenn…" oder „Ich brauche Hilfe bei…". Dadurch verlagert sich der Fokus von der Schuld auf die Zusammenarbeit.

- **Legen Sie ein sicheres Wort fest:** Manche Paare finden es hilfreich, ein sicheres Wort oder einen sicheren Satz festzulegen, mit dem jeder Partner signalisieren kann, wann er sich aus dem Gespräch zurückziehen muss, um eine Eskalation zu verhindern. Dies gibt beiden Partnern die Möglichkeit, sich neu zu gruppieren und mit einer klareren Einstellung zum Thema zurückzukehren.

- **Kompromiss mit Flexibilität:** Bei der Lösung von Konflikten ist es wichtig, einen Mittelweg zu finden. Beide Partner müssen kompromissbereit sein und sich auf halbem Weg begegnen. Flexibilität ist der Schlüssel – erkennen Sie an, dass die Bedürfnisse jedes Partners berechtigt sind, und arbeiten Sie zusammen, um Lösungen zu schaffen, von denen Sie beide profitieren.

Erstellen eines Konfliktlösungs-Tool Kits, das für beide Partner funktioniert

Jedes Paar kann von einem Toolkit zur Konfliktlösung profitieren – einer Reihe von Strategien und Praktiken, auf die es sich bei der Bewältigung von Meinungsverschiedenheiten verlassen kann. Für Paare, die mit ADHS zu kämpfen haben, sollte dieses Toolkit auf ihre spezifischen Herausforderungen und Stärken zugeschnitten sein. Hier sind einige wesentliche Komponenten:

- **Regelmäßige Check-ins:** Planen Sie wöchentliche oder zweiwöchentliche Check-ins ein, um zu besprechen, wie es in Ihrer Beziehung läuft. Nutzen Sie diese Zeit, um aufkommende Bedenken auszuräumen, bevor sie zu Konflikten werden.
- **Therapeutische Unterstützung:** Eine Paartherapie oder ein ADHS-Coaching können professionelle Hilfe bei der Konfliktlösung bieten. Ein Therapeut kann beiden Partnern helfen, effektiver zu kommunizieren und ihre emotionalen Reaktionen zu bewältigen.

- **Strategien zur emotionalen Regulierung:** Üben Sie Achtsamkeit, Atemübungen oder andere Techniken, um die emotionale Intensität zu bewältigen. Wenn diese Tools vorhanden sind, können beide Partner bei Konflikten ruhig und konzentriert bleiben.
- **Problemlösung Rahmen:** Wenn es zu einer Meinungsverschiedenheit kommt, verwenden Sie einen Rahmen zur Problemlösung, bei dem beide Partner das Problem skizzieren, mögliche Lösungen erarbeiten und gemeinsam über eine Vorgehensweise entscheiden.

Kapitel 6: Organisation und Zeitmanagement: Chaos und Struktur in Einklang bringen

In jeder Ehe kann es eine Herausforderung sein, die Verantwortlichkeiten des täglichen Lebens – Arbeit, Hausarbeit, Finanzen und Privatzeit – unter einen Hut zu bringen. Wenn ADHS Teil der Gleichung ist, verstärken sich diese Herausforderungen oft. ADHS beeinträchtigt die Fähigkeit des Gehirns, die Zeit effektiv zu organisieren, Prioritäten zu setzen und zu verwalten, was zu Chaos, verpassten Fristen und Spannungen in der Ehe führen kann. Mit den richtigen Strategien und Systemen können Paare jedoch eine strukturierte Umgebung schaffen, die die Bedürfnisse beider Partner unterstützt und ein Gefühl von Harmonie und Ordnung fördert.

Wie sich ADHS auf Organisation, Priorisierung und Zeitmanagement auswirkt

ADHS beeinträchtigt häufig die exekutive Funktion einer Person, die Fähigkeiten wie Planung, Organisation und Zeitmanagement regelt. Dies kann dazu führen, dass sich einfache Aufgaben überwältigend anfühlen, was zu Aufschub, verpassten Terminen und unvollständigen Aufgaben führt. Für den Partner, der nicht an ADHS leidet, kann dies eine Quelle der Frustration sein, insbesondere wenn er das Gefühl hat, einen ungerechtfertigten Anteil an der Haushaltslast zu tragen.

Zu den häufigsten Herausforderungen gehören:

- **Schwierigkeiten bei der Priorisierung von Aufgaben:** Das ADHS-Gehirn hat möglicherweise Schwierigkeiten, zwischen dringenden und nicht dringenden Aufgaben zu unterscheiden, was zu einem Mangel an Konzentration auf das Wesentliche führt.

- **Zeit Blindheit:** Viele Menschen mit ADHS leiden unter Zeit Blindheit, was bedeutet, dass sie Schwierigkeiten haben, abzuschätzen, wie lange Aufgaben dauern werden, was zu chronischer Verspätung oder überstürzten Anstrengungen führt.
- **Unordnung und Desorganisation:** Physische Räume können aufgrund der Schwierigkeit, den Überblick über die Habseligkeiten zu behalten und ein Ordnungssystem aufrechtzuerhalten, unorganisiert werden.

Erstellen einer strukturierten Umgebung, die für beide Partner funktioniert

Um der durch ADHS verursachten Desorganisation entgegenzuwirken, ist es wichtig, dass Paare zusammenarbeiten, um eine strukturierte Umgebung zu schaffen, die für beide Partner geeignet ist. Dabei geht es nicht darum, starre Routinen einzuführen, sondern vielmehr um die Einführung von Systemen, die für Ordnung sorgen und gleichzeitig Flexibilität ermöglichen.

- **Kollaborative Planung:** Setzen Sie sich zusammen und besprechen Sie Ihre täglichen, wöchentlichen und monatlichen Aufgaben. Legen Sie Prioritäten für beide Partner fest und achten Sie auf eine klare Aufgabenverteilung.

- **Klare Kommunikation der Erwartungen:** Wenn es um Haushaltspflichten geht, ist es wichtig, die Erwartungen klar zu kommunizieren. Beide Partner sollten sich darauf einigen, wer welche Aufgaben übernimmt, und regelmäßig überprüfen, ob das System funktioniert.

- **Gemeinsam aufräumen:** Arbeiten Sie als Team zusammen, um gemeinsame Räume aufzuräumen und zu organisieren. Fangen Sie klein an, gehen Sie einen Bereich nach dem anderen an und schaffen Sie Systeme, die für Sie beide sinnvoll sind. Das Beschriften von

Lagerbehältern, die Verwendung farblich gekennzeichneter Ordner und die Festlegung bestimmter Bereiche für wichtige Gegenstände können dabei helfen, Ordnung zu halten.

Tools, Apps und Systeme, die Ihnen helfen, als Paar organisiert zu bleiben

Glücklicherweise gibt es viele Tools, Apps und Systeme, die Paaren mit ADHS dabei helfen können, organisiert zu bleiben und ihren Verantwortungen gerecht zu werden. Hier sind einige Optionen, die einen großen Unterschied machen können:

- **Digitale Kalender:** Verwenden Sie einen gemeinsamen digitalen Kalender wie Google Kalender, um Termine, Fristen und Aufgabenlisten zu verfolgen. Durch die Synchronisierung Ihrer Kalender wird sichergestellt, dass beide Partner über wichtige Ereignisse und Verantwortlichkeiten informiert sind.

- **Aufgabenverwaltungs-Apps:** Apps wie Todoist, Trello oder Microsoft To Do können Ihnen dabei helfen, Aufgaben zu organisieren, Fristen festzulegen und den Fortschritt zu verfolgen. Teilen Sie Aufgaben in kleinere, überschaubare Schritte auf, um eine Überforderung zu vermeiden.

- **Timer und Alarme:** Timer und Alarme können für ein effektives Zeitmanagement von unschätzbarem Wert sein. Verwenden Sie sie, um Erinnerungen für wichtige Aufgaben einzurichten oder um tagsüber den Zeitplan einzuhalten.

- **Routine-Building-Apps:** Apps wie Routinary oder Streaks helfen beim Aufbau konsistenter Routinen, indem sie tägliche Gewohnheiten verfolgen und positive Verhaltensweisen verstärken.

Flexibilität nutzen und gleichzeitig Grenzen wahren

Während Struktur und Organisation wichtig sind, ist es ebenso wichtig, in einer ADHS-Ehe

Flexibilität zu berücksichtigen. Das Leben ist unvorhersehbar und strenge Routinen können manchmal Stress verursachen, wenn sie zu starr sind. Lassen Sie Raum für Anpassungen, was sind aber auch Grenzen, die sicherstellen, dass die Bedürfnisse beider Partner erfüllt werden.

- **Flexible Routinen:** Entwerfen Sie Routinen, die Struktur bieten, ohne übermäßige Vorgaben zu machen. Anstatt beispielsweise für jede Aufgabe eine feste Zeit festzulegen, erstellen Sie allgemeine Zeitblöcke, die Orientierung bieten, aber bei Bedarf Anpassungen ermöglichen.
- **Gegenseitige Unterstützung:** Beide Partner sollten sich flexibel gegenseitig unterstützen können, wenn der ADHS-Partner Probleme mit der Organisation oder dem Zeitmanagement hat. Anstatt frustriert zu sein, gehen Sie die Situation mit Einfühlungsvermögen

und der Bereitschaft zur Anpassung
an.

- **Grenzen rund um Ausfallzeiten:**
Während es wichtig ist, flexibel zu
sein, setzen Sie Grenzen für
Ausfallzeiten, um sicherzustellen,
dass beide Partner Zeit zum
Aufladen haben. Dies ist besonders
wichtig, um einem Burnout
vorzubeugen und das
Gleichgewicht in der Beziehung
aufrechtzuerhalten.

Kapitel 7: Finanzen und ADHS: Geldangelegenheiten in der Ehe

Geld kann eine der größten Spannungsquellen in einer Ehe sein, und wenn ADHS im Spiel ist, kann die Verwaltung der Finanzen noch komplizierter werden. ADHS kann sich auf alles auswirken, von der Budgetierung und dem Sparen bis hin zur Planung für die Zukunft und dem Umgang mit impulsiven Ausgaben. Um eine finanziell stabile und harmonische Ehe zu fördern, ist es von entscheidender Bedeutung, diese Herausforderungen zu verstehen und Strategien zu ihrer Bewältigung umzusetzen.

Häufige finanzielle Probleme bei ADHS-Ehen

Viele der finanziellen Herausforderungen bei ADHS-Ehen sind auf dieselben Schwierigkeiten bei der Exekutivfunktion zurückzuführen, die sich auch auf andere Lebensbereiche auswirken. Hier sind einige der häufigsten Probleme:

- **Impulsive Ausgaben:** Menschen mit ADHS haben oft Probleme mit der Impulskontrolle, was dazu führt, dass sie spontan und manchmal rücksichtslos Geld für unwesentliche Dinge ausgeben. Diese Einkäufe können die Finanzen des Paares belasten und zu Frustration oder Groll bei Nicht-ADHS-Partner führen.

- **Schwierigkeiten bei der Budgetierung und Planung:** Die Erstellung und Einhaltung eines Budgets erfordert konsequente Liebe zum Detail und Planung. ADHS kann es für einen Partner schwierig machen, organisiert zu bleiben und sich auf langfristige finanzielle Ziele zu konzentrieren, was dazu führen kann, dass er zu viel ausgibt oder Ersparnisse vernachlässigt.
- **Vergesslichkeit bei Rechnungen und Fristen:** Verspätete Zahlungen von Rechnungen oder versäumte Fristen für finanzielle

Verpflichtungen kommen in ADHS-Ehen häufig vor, oft aufgrund von Vergesslichkeit oder Desorganisation. Dies kann zu Strafen, Kreditschulden und zusätzlichem Stress führen.

- **Emotionale Ausgaben:** Emotionale Dysregulation, ein weiteres Kennzeichen von ADHS, kann zu emotionalen Ausgaben führen – indem Einkaufen als Bewältigungsmechanismus für Stress, Langeweile oder emotionales Unbehagen genutzt wird. Dies kann zu weiteren finanziellen Belastungen und Konflikten zwischen den Partnern führen.

Entwicklung finanzieller Verantwortung und Rechenschaftspflicht

Die erfolgreiche Verwaltung der Finanzen in einer ADHS-Ehe erfordert die Zusammenarbeit beider Partner, um Systeme der

Rechenschaftspflicht und der gemeinsamen Verantwortung zu schaffen. Hier sind einige Strategien, die Paaren helfen sollen, auf dem richtigen Weg zu bleiben:

- **Offene Kommunikation über Geld:** Gewöhnen Sie sich an, regelmäßig über Finanzen zu sprechen. Planen Sie monatliche oder zweiwöchentliche Besprechungen, um Ihr Budget, anstehende Ausgaben und finanzielle Ziele zu überprüfen. Wenn Sie die Kommunikationswege offen halten, vermeiden Sie Überraschungen und schaffen Vertrauen zwischen den Partnern.

- **Legen Sie klare finanzielle Rollen fest:** Bestimmen Sie, wer für die verschiedenen Finanzaufgaben verantwortlich sein wird. Beispielsweise kann sich ein Partner um die Bezahlung von

Rechnungen kümmern, während der andere sich um Investitionen oder Ersparnisse kümmert. Durch die klare Definition von Rollen wird die Verantwortlichkeit gewährleistet und hilft, Terminüberschreitungen oder Doppelarbeit zu vermeiden.

- **Finanzen automatisieren:** Nutzen Sie, wann immer möglich, die Vorteile der Automatisierung. Richten Sie automatische Rechnungszahlungen, Spar Transfers und Anlagebeiträge ein, um sicherzustellen, dass wichtige Finanzaufgaben regelmäßig erledigt werden, ohne dass ständige Aufmerksamkeit erforderlich ist.

- **Erstellen Sie Verantwortung Systeme:** Ganz gleich, ob es sich um wöchentliche Check-ins, Finanz-Apps zur Nachverfolgung von Ausgaben oder die gemeinsame Verantwortung für die Verwaltung von Belegen und die Nachverfolgung von Ausgaben handelt – ein System zur Rechenschaftspflicht kann beiden Partnern dabei helfen, den Überblick über ihre Finanzen zu behalten.

Budgetierung Tools und -strategien für Paare mit ADHS

Die Erstellung eines Budgets ist für die finanzielle Stabilität unerlässlich, aber besonders wichtig bei ADHS-Ehen, wo Impulsivität und Vergesslichkeit finanzielle Pläne zunichtemachen können. Hier sind einige Tools und Strategien, die ADHS-Paaren dabei helfen, ein Budget aufzustellen und einzuhalten:

- **Verwenden Sie visuelle Budgetierungstools:** Visuelle Tools wie Kreisdiagramme, Grafiken oder farbcodierte Tabellenkalkulationen können für ADHS-Gehirne ansprechender sein. Tools wie

YNAB (You Need a Budget) oder Mint bieten benutzerfreundliche Oberflächen, die die Budgetierung intuitiver und einfacher nachvollziehbar machen.

- **Implementieren Sie die „Envelope-Methode":** Die Umschlagmethode ist ein bargeld basiertes Budgetierungssystem, bei dem Geld in verschiedene Umschläge für bestimmte Kategorien (z. B. Lebensmittel, Unterhaltung, Rechnungen) aufgeteilt wird. Sobald das Geld in einem Umschlag ausgegeben ist, darf in dieser Kategorie für den Monat kein Geld mehr verwendet werden. Diese Methode fördert Achtsamkeit und begrenzt impulsives Geldausgeben.
- **Verfolgen Sie die Ausgaben täglich oder wöchentlich:** Menschen mit ADHS profitieren oft von häufigen Erinnerungen, um auf

dem richtigen Weg zu bleiben. Die regelmäßige Verfolgung der Ausgaben in einer Budgetierungs-App, einem Journal oder einer Tabellenkalkulation kann dazu beitragen, positive Gewohnheiten zu festigen und finanzielle Ausrutscher zu verhindern.

- **Setzen Sie sich kleine, erreichbare Ziele:** Anstatt zu versuchen, Ihr gesamtes Finanzsystem auf einmal zu überarbeiten, konzentrieren Sie sich auf kleine, schrittweise Änderungen. Setzen Sie sich kurzfristige Ziele, die erreichbar sind, z. B. das wöchentliche Sparen eines bestimmten Betrags oder das Einhalten des Monats Budgets einer bestimmten Kategorie. Feiern Sie diese Siege, um Schwung aufzubauen.

Finanzielle Ziele ausrichten und mit impulsiven Ausgaben umgehen

Eines der wichtigsten Elemente der finanziellen Harmonie in der Ehe ist die Ausrichtung auf finanzielle Ziele. Wenn sich die Partner einig sind, ist es einfacher, alltägliche Finanzentscheidungen zu treffen und für die Zukunft zu planen.

- **Definieren Sie gemeinsame finanzielle Ziele:** Setzen Sie sich zusammen und besprechen Sie Ihre langfristigen finanziellen Ziele, z. B. das Sparen für ein Haus, den Aufbau eines Notfallfonds oder die Planung Ihres Ruhestands. Erstellen Sie eine Vision davon, wie Ihre finanzielle Zukunft als Paar aussieht, und entwickeln Sie einen Fahrplan, um dorthin zu gelangen.
- **Vereinbaren Sie Ausgabenlimits:** Legen Sie gemeinsam vereinbarte

Ausgabengrenzen für nicht unbedingt notwendige Einkäufe fest. Vereinbaren Sie beispielsweise, dass jeder Kauf über einen bestimmten Betrag vor dem Kauf mit dem anderen Partner besprochen werden muss. Dies kann dazu beitragen, impulsive Ausgaben einzudämmen und die Transparenz zu fördern.

- **Erstellen Sie einen Spaß Fonds:** Schaffen Sie in Ihrem Budget Platz für spontane Ausgaben ohne schlechtes Gewissen, indem Sie jedem Partner einen kleinen, vorher festgelegten Geldbetrag zur Verfügung stellen, den er nach Belieben verwenden kann. Dieser Ansatz berücksichtigt das Bedürfnis des ADHS-Partners nach gelegentlicher Spontaneität und gleichzeitiger Aufrechterhaltung der allgemeinen finanziellen Disziplin.

- **Suchen Sie bei Bedarf eine Finanzberatung auf:** Wenn die Verwaltung der Finanzen weiterhin eine Konfliktquelle darstellt, sollten Sie die Hilfe eines Finanzberaters oder -planers in Anspruch nehmen, der Erfahrung in der Arbeit mit ADHS-Paaren hat. Ein Fachmann kann maßgeschneiderte Strategien zur Bewältigung Ihrer individuellen Herausforderungen bereitstellen.

Kapitel 8: Elternschaft mit ADHS: Co-Parenting-Strategien für den Erfolg

Elternschaft kann für jedes Paar eine aufregende und zugleich herausfordernde Reise sein, aber wenn ADHS Teil der Gleichung ist, erscheinen die Anforderungen der Kindererziehung oft noch komplexer. ADHS kann Aufmerksamkeit, Organisation, Geduld und Konsequenzen beeinträchtigen – alles entscheidende Elemente bei der Elternschaft. Mit den richtigen Strategien kann die gemeinsame Erziehung in einer ADHS-Ehe jedoch eine lohnende und erfolgreiche Erfahrung sein.

Herausforderungen der Elternschaft, wenn einer oder beide Partner ADHS haben

Wenn ADHS bei einem oder beiden Elternteilen vorliegt, können die typischen Erziehungs Herausforderungen verstärkt werden. Hier sind

einige der häufigsten Hürden, mit denen Paare
bei der gemeinsamen Erziehung mit ADHS
konfrontiert sind:

- **Inkonsistenz im Erziehungsstil:**
  ADHS führt häufig zu
  Inkonsistenzen, insbesondere bei
  der Anwendung von Regeln und
  Konsequenzen. Dem
  ADHS-Elternteil fällt es
  möglicherweise schwer, Grenzen
  durchzusetzen oder Disziplin
  einzuhalten, was zu Verwirrung bei
  den Kindern und Frustration bei
  Nicht-ADHS-Partner führt.
- **Schwierigkeiten bei der
  Organisation und Planung:**
  ADHS kann es schwierig machen,
  organisiert zu bleiben,
  vorauszuplanen oder den Überblick
  über Zeitpläne zu behalten. Eltern
  mit ADHS haben möglicherweise
  Schwierigkeiten, sich an
  Schulereignisse, Termine oder

tägliche Abläufe zu erinnern, was zu Chaos im Haushalt führen kann.

- **Emotionale Dysregulation und Impulsivität:** Der Umgang mit Emotionen kann für Eltern mit ADHS schwierig sein. Impulsive Reaktionen oder emotionale Ausbrüche können sich negativ auf die Elternschaft auswirken und zu Stress und Spannungen innerhalb der Familie führen. Dies kann es für ADHS-Eltern schwierig machen, ihren Kindern ein ruhiges, rationales Verhalten vorzubeugen.

- **Elternrollen ausbalancieren:** Wenn ADHS Teil der Ehe ist, kann es zu einer ungleichen Aufteilung der elterlichen Verantwortung kommen. Der Partner ohne ADHS hat möglicherweise das Gefühl, eine schwere Last zu tragen, was zu Unmut und Burnout führen kann.

Aufbau starker Elternpartnerschaften

Eine effektive gemeinsame Elternschaft erfordert eine starke Partnerschaft, in der beide Eltern die Stärken und Grenzen des anderen verstehen und unterstützen. Hier sind Strategien zum Aufbau einer kooperativen und ausgewogenen Elternbeziehung:

- **Offene Kommunikation:** Eine klare, ehrliche Kommunikation ist der Schlüssel zu einer erfolgreichen gemeinsamen Elternschaft. Beide Partner sollten ihre individuellen Herausforderungen besprechen und wie sie sich gegenseitig am besten unterstützen können. Nehmen Sie sich Zeit für regelmäßige Check-ins, bei denen Sie über Ihre Erziehungsziele, Frustrationen und eventuell erforderliche Anpassungen sprechen können.
- **Delegieren Sie basierend auf Stärken:** In einer ADHS-Ehe bringt jeder Partner einzigartige

Stärken in die Beziehungsdynamik
ein. Der Nicht-ADHS-Partner
zeichnet sich möglicherweise durch
Organisation und Planung aus,
während der ADHS-Partner
möglicherweise spontaner und
kreativer ist. Delegieren Sie
Verantwortlichkeiten basierend auf
diesen Stärken, um einen
ausgewogeneren Ansatz für die
Erziehung zu schaffen.

- **Etablieren Sie konsistente Regeln
  und Routinen:** Konsistenz ist für
  das emotionale Wohlbefinden von
  Kindern von entscheidender
  Bedeutung. Daher ist es wichtig,
  gemeinsam Haushaltsregeln und
  -routinen festzulegen. Diese
  Konsistenz sollte für alles gelten,
  von der Schlafenszeit bis zur
  Disziplin. Selbst wenn der
  ADHS-Partner Probleme damit hat,
  die Dinge durchzuhalten, ist es für
  beide Eltern einfacher, auf dem

gleichen Stand zu bleiben, wenn es gemeinsame Richtlinien gibt.

- **Bieten Sie gegenseitige Unterstützung:** Elternschaft ist eine Teamarbeit und gegenseitige Unterstützung ist unerlässlich. Wenn der ADHS-Partner Schwierigkeiten hat, kann der Nicht-ADHS-Partner ohne Urteil Rat und Hilfe anbieten. Ebenso kann der ADHS-Partner die zusätzlichen Anstrengungen des Nicht-ADHS-Partners zur Aufrechterhaltung der Stabilität anerkennen und im Gegenzug Wertschätzung und Unterstützung anbieten.

Den Haushalt effektiv verwalten

Die Führung eines Haushaltes mit ADHS erfordert eine bewusste Planung und den Einsatz praktischer Hilfsmittel, um Ordnung aufrechtzuerhalten und Stress abzubauen. Hier sind einige Strategien, um den reibungslosen Ablauf im Haushalt zu gewährleisten:

- **Erstellen Sie einen Familienkalender:** Ein gemeinsamer Familienkalender, ob physisch oder digital, kann beiden Eltern dabei helfen, den Überblick über wichtige Termine und Verantwortlichkeiten zu behalten. Verwenden Sie es, um Schulveranstaltungen, außerschulische Aktivitäten, Arzttermine und familiäre Verpflichtungen zu verfolgen. Die farbliche Kennzeichnung des Kalenders für jedes Familienmitglied kann es einfacher machen, organisiert zu bleiben.
- **Unterteilen Sie Aufgaben in überschaubare Schritte:** ADHS kann die Bewältigung großer Aufgaben überfordern. Teilen Sie daher die Hausarbeit und die

Erziehungspflichten in kleinere, überschaubare Schritte auf. Anstatt beispielsweise den ADHS-Partner zu bitten, „das Haus zu putzen", teilen Sie die Aufgabe in kleinere Aktionen wie „Wohnzimmer staubsaugen" oder „Wäsche zusammenlegen" auf.

- **Verwenden Sie visuelle Erinnerungen:** Visuelle Erinnerungen wie Aufgabenpläne, Checklisten oder im Haus verteilte Haftnotizen können ADHS-Eltern dabei helfen, ihren Pflichten nachzukommen. Beispielsweise kann es ein hilfreicher Hinweis sein, einen Zettel an der Tür anzubringen, der sie daran erinnert, das Mittagessen für die Kinder einzupacken.

- **Planen Sie Ausfallzeiten ein:** Einen Haushalt zu führen und Kinder großzuziehen kann anstrengend sein, insbesondere wenn ADHS dazu gehört. Stellen Sie sicher, dass Sie regelmäßige Auszeiten einplanen, damit beide Eltern neue Kraft tanken und sich um sich selbst kümmern können. Dies beugt einem Burnout vor und hilft beiden Partnern, präsenter und engagierter in ihrer Erziehungszielen zu bleiben.

Priorisierung der Selbstfürsorge bei der Kindererziehung

Elternschaft kann überwältigend sein und für Eltern mit ADHS können die Anforderungen überwältigend sein. Die Priorisierung der Selbstfürsorge ist für die Aufrechterhaltung Ihrer geistigen Gesundheit und Ihrer Leistungsfähigkeit als Eltern von entscheidender Bedeutung. Hier sind einige Möglichkeiten, wie Sie Selbstfürsorge in Ihren Alltag integrieren können:

- **Planen Sie regelmäßige Pausen ein:** Nehmen Sie sich den ganzen

Tag über Zeit für kurze Pausen, auch wenn es nur ein paar Minuten sind, um zu meditieren, sich zu dehnen oder einen Spaziergang zu machen. Diese kleinen Pausen können helfen, Stress abzubauen und emotionaler Erschöpfung vorzubeugen.

- **Nehmen Sie an körperlicher Aktivität teil:** Regelmäßige Bewegung ist nicht nur gut für Ihre Gesundheit, sondern kann auch die Konzentration, die Stimmung und das Energieniveau verbessern. Integrieren Sie körperliche Aktivität in Ihren Alltag, sei es Laufen, Yoga oder Sport mit Ihren Kindern.
- **Sorgen Sie für eine gesunde Schlafroutine:** Schlaf ist für beide Elternteile von entscheidender Bedeutung, insbesondere aber für diejenigen mit ADHS, die möglicherweise bereits Probleme mit der Aufmerksamkeit und der

emotionalen Regulierung haben. Legen Sie Wert darauf, jede Nacht ausreichend Schlaf zu bekommen, und erwägen Sie die Einführung einer Schlafenszeit Routine, die Ihnen hilft, abzuschalten und zu entspannen.

- **Unterstützung suchen:** Scheuen Sie sich nicht, um Hilfe zu bitten, wenn Sie sie brauchen. Ob es darum geht, die Hilfe von Familienmitgliedern in Anspruch zu nehmen, einen Babysitter zu engagieren oder einer Eltern-Selbsthilfegruppe beizutreten, ein Unterstützungsnetzwerk kann einen erheblichen Unterschied machen.

Kapitel 9: Sex, Intimität und ADHS

Sexuelle Beziehungen und Intimität sind wichtige Aspekte jeder Ehe, doch wenn ADHS ins Spiel kommt, können diese Bereiche vor besonderen Herausforderungen stehen. ADHS kann sich auf alles auswirken, von sexuellem Verlangen und emotionaler Verbindung bis hin zu körperlicher Intimität, und zu Frustration, Missverständnissen und sogar Ablehnung Gefühlen führen. Mit Bewusstsein, Kommunikation und der Verpflichtung, eine gesunde Verbindung zu pflegen, können Paare jedoch ihre Leidenschaft neu entfachen und ihre emotionale und körperliche Bindung stärken.

Wie sich ADHS auf sexuelle Beziehungen und Intimität auswirkt

ADHS beeinflusst die Intimität in vielerlei Hinsicht, oft aufgrund ihrer Auswirkungen auf die Aufmerksamkeit, die emotionale Regulierung und die sensorische Sensibilität.

Hier sind einige häufige Auswirkungen von ADHS auf die sexuelle Dynamik in einer Beziehung:

- **Hyperfokus auf Intimität:** Menschen mit ADHS können in den frühen Phasen einer Beziehung eine Hyperfokussierung verspüren, die zu intensiver Leidenschaft und Begierde führt. Wenn jedoch die Neuheit verblasst, verlagert sich ihr Fokus möglicherweise auf andere Interessen, was dazu führt, dass sich der Nicht-ADHS-Partner verlassen oder weniger begehrt fühlt.
- **Ablehnung Empfindlichkeit:** Viele Menschen mit ADHS leiden unter einer erhöhten Abstoßung Empfindlichkeit (abstoßend empfindliche Dysphorie). Dies kann sich in sexuellen Beziehungen als extreme emotionale Reaktionen auf wahrgenommene Kritik, Desinteresse oder Ablehnung des

Partners äußern. Selbst kleine Veränderungen in der Zuneigung können sich zutiefst persönlich anfühlen und zu Rückzug oder Konflikten führen.

- **Emotionale Dysregulation:** Die emotionale Intensität kann bei Menschen mit ADHS schnell schwanken. Dies kann sexuelle Beziehungen beeinträchtigen, indem es ein unvorhersehbares emotionales Klima schafft. In einem Moment fühlen sie sich vielleicht tief verbunden und leidenschaftlich; im nächsten Moment fühlen sie sich möglicherweise distanziert oder abgelenkt.

- **Langeweile und Ablenkbarkeit:** ADHS kann auch in langfristigen Beziehungen zu Langeweile führen. Die Neuheit neuer Erfahrungen ist aufregend, aber sobald Routinen etabliert sind, kann es für Menschen mit ADHS schwierig sein, das Interesse aufrechtzuerhalten. Dies kann zu mangelnder Begeisterung für körperliche Intimität führen.

Strategien zur Wiederbelebung der Leidenschaft und zur Verbesserung der Verbindung

Um die Leidenschaft neu zu entfachen und eine starke emotionale Verbindung aufrechtzuerhalten, müssen beide Partner die Herausforderungen, die ADHS mit sich bringt, proaktiv angehen. Hier sind Strategien zur Förderung einer gesünderen, erfüllten sexuellen Beziehung:

- **Offene Kommunikation:** Machen Sie es sich zur Gewohnheit, Ihre sexuellen Bedürfnisse und Wünsche offen und ehrlich zu besprechen. Beheben Sie alle Missverständnisse, die durch ADHS-bedingte Verhaltensweisen wie Ablenkung oder emotionalen

Rückzug entstehen können. Eine klare Kommunikation hilft, Ablehnung, Gefühle zu vermeiden und Vertrauen aufzubauen.

- **Erstellen Sie intime Rituale:** Etablieren Sie kleine, intime Rituale, die beiden Partnern helfen, sich regelmäßig verbunden zu fühlen. Dazu können geplante Verabredungen, Momente der körperlichen Berührung während des Tages oder das Einräumen von Zeit für ununterbrochene Gespräche vor dem Schlafengehen gehören. Diese Rituale tragen dazu bei, die emotionale Intimität auch in arbeitsreichen oder stressigen Zeiten aufrechtzuerhalten.

- **Seien Sie beim Sex bewusst:** Für einige Paare mag die Planung von Sex unromantisch erscheinen, aber für diejenigen, die mit ADHS zurechtkommen, kann es unglaublich hilfreich sein. Das

Einplanen bestimmter Zeiten für Intimität kann dabei helfen, Ablenkungen zu überwinden und sicherzustellen, dass die Bedürfnisse beider Partner Vorrang haben.

- **Nutzen Sie die Spontaneität:** Während Routinen von Vorteil sein können, ist es auch wichtig, im Schlafzimmer Raum für Spontaneität zu lassen. Überraschen Sie Ihren Partner mit unerwarteten Gesten der Zuneigung oder beginnen Sie den Sex zu einer anderen Tageszeit. Dies steigert die Spannung und hilft, die Langeweile zu bekämpfen, die mit ADHS einhergehen kann.

Beheben von Problemen wie Hyperfokus, Ablehnung Empfindlichkeit und Langeweile

Das Verstehen und Ansprechen ADHS-spezifischer Probleme, die in sexuellen Beziehungen auftreten, ist entscheidend dafür, dass sich beide Partner zufrieden und verbunden fühlen. Hier erfahren Sie, wie Sie einige der häufigsten Herausforderungen angehen:

- **Navigieren im Hyperfokus:** Wenn ein Partner mit ADHS sich nicht mehr übermäßig auf die Beziehung konzentriert, fühlt sich der Partner ohne ADHS möglicherweise vernachlässigt. Erkennen Sie diesen Wandel und arbeiten Sie zusammen, um Ihren Interaktionen wieder Absichtlichkeit zu verleihen. Dazu kann es gehören, neue Wege zu finden, emotional und sexuell miteinander in Kontakt zu treten.
- **Ablehnung Empfindlichkeit:** Wenn sich die Ablehnung Empfindlichkeit auf die Intimität auswirkt, ist es wichtig, dem ADHS-Partner zu versichern, dass ein Rückgang der Zuneigung oder sexuellen Aktivität kein Ausdruck seines Wertes ist. Betrachten Sie

Momente der Ablehnung als Gelegenheit zur Kommunikation und nicht als persönliches Versagen.

- **Bekämpfung der Langeweile:** Um der Langeweile entgegenzuwirken, variieren Sie Ihre Erfahrungen als Paar. Probieren Sie gemeinsam neue Aktivitäten aus, experimentieren Sie mit verschiedenen Formen der Intimität und erkunden Sie Möglichkeiten, die Aufregung, die Sie zu Beginn Ihrer Beziehung verspürt haben, wieder zu entfachen.

Aufbau emotionaler und körperlicher Intimität durch Achtsamkeit

Achtsamkeit – die Praxis, präsent zu sein und sich voll auf den Moment einzulassen, ohne zu urteilen – kann sowohl die emotionale als auch die körperliche Intimität in Beziehungen erheblich verbessern, insbesondere in Ehen, in denen ADHS eine Rolle spielt. Für Paare mit ADHS, bei denen Ablenkungen, Impulsivität und emotionale Dysregulation die Beziehungen belasten können, bietet Achtsamkeit ein wirksames Werkzeug, um Bindungen zu vertiefen, Verständnis zu fördern und eine stärkere Beziehung zu pflegen.

Die Rolle der Achtsamkeit in der emotionalen Intimität

Emotionale Intimität ist die Grundlage einer starken Beziehung und Achtsamkeit hilft dabei, einen Raum zu schaffen, in dem sich beide Partner tiefer verbinden können. Für Menschen mit ADHS, die möglicherweise mit Unaufmerksamkeit oder emotionaler Volatilität zu kämpfen haben, kann das Üben von Achtsamkeit die emotionale Reaktionsfähigkeit verringern und ein Gefühl der Ruhe und Stabilität fördern.

- **Aktives Zuhören:** Achtsamkeit lehrt uns, aktiv zuzuhören, ohne zu urteilen oder abzulenken. In einer ADHS-Ehe, in der ein Partner möglicherweise Schwierigkeiten hat, bei Gesprächen konzentriert zu bleiben, ermutigt das achtsame Zuhören beide Partner dazu, völlig präsent zu sein. Das bedeutet, Ablenkungen beiseite zu lassen, Blickkontakt aufrechtzuerhalten und wirklich zuzuhören, was die andere Person sagt. Diese Praxis trägt zum Aufbau emotionaler Intimität bei, indem sie die Gedanken und Gefühle jedes Partners bestätigt.

- **Emotionales Bewusstsein:** Achtsamkeit fördert die Selbstwahrnehmung und Reflexion, was besonders für Menschen mit ADHS hilfreich sein kann. Indem sie sich ohne Urteil auf ihre Emotionen einstellen, können ADHS-Partner ihre eigenen emotionalen Auslöser und Reaktionen besser verstehen. Dieses Selbstbewusstsein ermöglicht eine gesündere emotionale Regulierung und eine produktivere Kommunikation und trägt dazu bei, dass sich beide Partner emotional verbunden fühlen.

- **Empathie und Mitgefühl kultivieren:** Achtsamkeit fördert Empathie, indem sie den Einzelnen dazu ermutigt, den Erfahrungen seines Partners gegenüber präsent und nicht wertend zu sein. Paare, die Achtsamkeit praktizieren, sind besser in der Lage, sich ineinander hineinzuversetzen und Unterstützung und Mitgefühl anzubieten, wenn Konflikte oder Missverständnisse auftreten. Diese emotionale Verbindung stärkt die Bindung und fördert eine größere Intimität.
- **Verlangsamung beim Herstellen einer Verbindung:** Die schnelllebige, abgelenkte Natur des modernen Lebens − verstärkt durch

die Impulsivität von ADHS – kann es für Paare schwierig machen, eine sinnvolle Verbindung aufzubauen. Achtsamkeit ermutigt beide Partner, langsamer zu werden und gemeinsame Momente zu genießen, sei es bei einem ruhigen Gespräch, einer gemeinsamen Mahlzeit oder einfach beim gemeinsamen Schweigen. Diese achtsamen Pausen tragen dazu bei, eine tiefere emotionale Bindung aufzubauen.

Die Rolle der Achtsamkeit in der körperlichen Intimität

Körperliche Intimität ist ein weiterer wesentlicher Bestandteil einer starken Ehe, aber ADHS kann Herausforderungen wie Ablenkbarkeit, Impulsivität oder emotionale Distanzierung mit sich bringen, die die Aufrechterhaltung einer engen körperlichen Verbindung beeinträchtigen können. Achtsamkeit kann Paaren helfen, sich körperlich wieder zu verbinden, indem sie ein tieferes

Bewusstsein für ihren Körper, ihre Empfindungen und den gegenwärtigen Moment fördert.

- **Achtsame Berührung:** Berührungen sind eine wirkungsvolle Form der Kommunikation, aber wenn das Leben hektisch wird, kann man sie leicht übersehen oder überstürzen. Achtsame Berührung bedeutet, dass Sie Ihre Aufmerksamkeit vollständig auf die Berührungsempfindungen richten, sei es durch eine einfache Umarmung, Händchenhalten oder einen intimen Moment. Dieses gesteigerte Bewusstsein verbessert die Qualität der körperlichen Verbindung und hilft beiden Partnern, sich besser auf die Bedürfnisse des anderen einzugehen.

- **Achtsamer Sex:** Beim achtsamen Sex geht es darum, in intimen Momenten völlig präsent zu sein und sich auf die Empfindungen, Emotionen und die Verbindung mit Ihrem Partner zu konzentrieren, anstatt sich von Gedanken oder Sorgen ablenken zu lassen. Bei Paaren, bei denen ADHS dazu führen kann, dass ein Partner beim Sex geistig verwirrt oder abgelenkt wird, kann Achtsamkeit dabei helfen, beide Partner während der gesamten Erfahrung engagiert und emotional verbunden zu halten. Achtsamer Sex fördert ein tieferes Maß an körperlicher und emotionaler Zufriedenheit.

- **Leistungsangst reduzieren:** Bei manchen Menschen mit ADHS können Leistungsangst oder die Angst, bei Intimität nicht vollständig präsent zu sein, die Fähigkeit beeinträchtigen, sich körperlich zu verbinden. Achtsamkeit, Praktiken wie tiefes Atmen und Körper scannen können dazu beitragen, diese Angst zu reduzieren, indem sie den Einzelnen im gegenwärtigen Moment erden und den Druck abbauen, perfekte Leistungen zu erbringen. Diese entspannte Geisteshaltung steigert die körperliche Intimität und fördert mehr Vertrauen zwischen den Partnern.

- **Verbesserung des sinnlichen Bewusstseins:** Achtsamkeit hilft dem Einzelnen, sich auf seine Sinne einzustimmen, und ermöglicht so ein lebendigeres und befriedigenderes Erlebnis von Berührung, Geschmack, Geruch und Klang in intimen Momenten. Dieses gesteigerte Bewusstsein kann die Leidenschaft in einer Beziehung neu entfachen und jede körperliche Interaktion bedeutungsvoller und angenehmer machen.

Übungen zum Aufbau von Achtsamkeit in Ihrer Beziehung

Achtsamkeit in Ihre Beziehung zu integrieren muss nicht kompliziert sein. Hier sind einige einfache Übungen, die Ihnen helfen können, durch Achtsamkeit sowohl emotionale als auch körperliche Intimität aufzubauen:

- **Gemeinsam achtsames Atmen:** Beginnen oder beenden Sie den Tag, indem Sie sich ein paar Minuten Zeit nehmen, um gemeinsam durchzuatmen. Setzen Sie sich einander gegenüber, halten Sie die Hände und synchronisieren Sie Ihre Atemzüge. Konzentrieren Sie sich auf das Atemgefühl und die Verbindung zwischen Ihnen. Diese Praxis schafft einen beruhigenden, gemeinsamen Moment der Verbindung.

- **Achtsamkeitsmeditation:** Nehmen Sie sich Zeit, um gemeinsam zu meditieren. Ob geführt oder still, Meditation hilft beiden Partnern, Achtsamkeit und emotionale Regulierung zu entwickeln. Besprechen Sie nach der Meditation, wie Sie sich während der Übung gefühlt haben, um eine emotionale Verbindung und Verständnis aufzubauen.

- **Über Dankbarkeit:** Integrieren Sie eine tägliche Dankbarkeit Praxis, bei der jeder Partner etwas mitteilt, was er am anderen schätzt. Dieser einfache Akt fördert die Achtsamkeit gegenüber positiven Eigenschaften in der Beziehung und fördert die emotionale Intimität.

- **Achtsame Check-ins:** Nehmen Sie sich im Laufe des Tages ein paar Momente Zeit, um achtsam miteinander ins Gespräch zu kommen. Egal, ob es sich um ein kurzes Gespräch oder eine schnelle Umarmung handelt, diese Check-ins bieten die Möglichkeit, inmitten des Chaos des Alltags wieder zusammenzukommen und miteinander präsent zu sein.

- **Sinnesübungen:** Nehmen Sie an Übungen teil, die das Sinnes Bewusstsein stärken, wie zum Beispiel achtsames Essen oder achtsames Berühren. Konzentrieren Sie sich auf die Details des Erlebnisses – den Geschmack des Essens, die Beschaffenheit der Haut Ihres Partners – und genießen Sie die Empfindungen, ohne sie zu überstürzen.

Kapitel 10: Erstellen von Routinen, die für Sie funktionieren

Routinen sind für den Umgang mit ADHS von entscheidender Bedeutung, aber im Kontext der Ehe erfüllen sie einen noch größeren Zweck: Sie schaffen Stabilität, Vorhersehbarkeit und Ausgeglichenheit. In einer ADHS-Ehe tragen Routinen dazu bei, das Chaos zu minimieren und Stress abzubauen, sodass beide Partner effektiver als Team funktionieren können. Die Herausforderung besteht jedoch darin, Routinen zu entwickeln, die für beide Partner funktionieren, ohne die Spontaneität und Flexibilität zu beeinträchtigen.

Die Bedeutung von Routinen in einer ADHS-Ehe

Routinen bieten Struktur, die für Menschen mit ADHS unerlässlich ist, die möglicherweise Probleme mit der Organisation, dem Zeitmanagement und der Konsistenz haben. In einer Ehe kommen Routinen beiden Partnern zugute, indem sie Entscheidungsmüdigkeit verringern, Missverständnissen vorbeugen und ein Gefühl der Ordnung schaffen. Zu den wichtigsten Vorteilen von Routinen in einer ADHS-Ehe gehören:

- **Vorhersehbarkeit reduziert Ängste:** Vorhersehbare Routinen helfen Menschen mit ADHS, ihre Umgebung besser unter Kontrolle zu haben. Dies reduziert Ängste und Stress, die sonst zu emotionaler Dysregulation und Konflikten führen können.
- **Partnerschaft und Teamarbeit stärken:** Wenn Routinen etabliert sind, wissen beide Partner, was auf sie zukommt und können effektiver zusammenarbeiten. Dies verringert die Belastung eines Partners bei der Bewältigung täglicher Aufgaben und sorgt für eine ausgeglichene Dynamik.

- **Konzentration und Produktivität verbessern:** Regelmäßige Routinen ermöglichen es Menschen mit ADHS, sich besser auf ihre Aufgaben zu konzentrieren. Wenn Aktivitäten geplant sind, besteht weniger Bedarf, spontane Entscheidungen zu treffen, was zu einer höheren Produktivität und einem ruhigeren Haushalt führt.

Entwicklung flexibler und dennoch funktionaler Tagespläne

Während Routinen wichtig sind, ist Flexibilität auch in einer ADHS-Ehe von entscheidender Bedeutung. Ein starrer Zeitplan kann sich überwältigend oder einschränkend anfühlen, insbesondere für Menschen mit ADHS, die Neues und Spontaneität schätzen. Ziel ist es, einen funktionalen Zeitplan zu erstellen, der Raum für Anpassungsmöglichkeiten lässt.

- **Beginnen Sie mit dem Wesentlichen:** Identifizieren Sie

die nicht verhandelbaren Aufgaben, die Teil Ihrer Routine sein müssen – Dinge wie Arbeit, Mahlzeiten und Schlaf. Bauen Sie Ihren Zeitplan rund um diese Kernaktivitäten auf und stellen Sie sicher, dass diese von Tag zu Tag konsistent sind.

- **Pufferzeit einplanen:** ADHS bringt oft Schwierigkeiten mit sich, abzuschätzen, wie lange Aufgaben dauern werden. Bauen Sie Pufferzeit in Ihren Zeitplan ein, um diese Fehlkalkulationen auszugleichen und das Gefühl zu vermeiden, gehetzt oder überfordert zu sein.

- **Balance-Struktur mit Flexibilität:** Integrieren Sie Momente der Flexibilität in Ihren Tagesablauf. Legen Sie beispielsweise eine bestimmte Zeit für die Arbeit oder Hausarbeiten fest, lassen Sie sich aber die Freiheit, zu entscheiden, wie Sie diese Aufgaben angehen möchten. Dadurch bleibt die Struktur an Ort und Stelle, ohne dass sie erstickt.

- **An veränderte Bedürfnisse anpassen:** Seien Sie offen dafür, Ihre Routine bei Bedarf zu überdenken und anzupassen. Was in einer Lebensphase funktioniert, muss möglicherweise angepasst werden, wenn sich die Umstände ändern. Führen Sie daher einen offenen Dialog mit Ihrem Partner darüber, wie sich Routinen entwickeln können, um Ihren beiden Bedürfnissen gerecht zu werden.

Strategien zum Ausgleich von Spontaneität und Vorhersehbarkeit

Die Balance zwischen Spontaneität und Vorhersehbarkeit ist eine zentrale Herausforderung in ADHS-Ehen, da sich der eine Partner möglicherweise nach Routine sehnt, während der andere von Abwechslung lebt. Um die Harmonie in der Beziehung aufrechtzuerhalten, ist es wichtig, einen Mittelweg zu finden, der beide Partner zufriedenstellt.

- **Nehmen Sie sich Zeit für Spontaneität:** Legen Sie während der Woche bestimmte Zeiten für unstrukturierte Aktivitäten fest. Diese „freien" Zeiträume geben dem ADHS-Partner Raum, neue Interessen zu erkunden und gleichzeitig die Gesamtstruktur des Tages beizubehalten.
- **Kompromiss bei Routenänderungen:** Wenn ein Partner eine Änderung seiner Routine benötigt, besprechen Sie dies gemeinsam und finden einen Kompromiss, der für beide funktioniert. Vielleicht bleibt die Routine weitgehend dieselbe, mit

einigen Änderungen, um dem
Bedürfnis des ADHS-Partners nach
Abwechslung gerecht zu werden.

- **Verwenden Sie einen visuellen Planer:** Visuelle Planer oder digitale Tools, die die Aktivitäten des Tages anzeigen, können für ADHS-Paare hilfreich sein. Diese Planer geben einen klaren Überblick darüber, was erwartet wird, und ermöglichen gleichzeitig Anpassungen im Laufe des Tages.

Tools zum Einhalten von Routinen und zum Erreichen von Konsistenz

Für Menschen mit ADHS kann es schwierig sein, sich an Routinen zu halten, aber die Verwendung der richtigen Werkzeuge kann einen erheblichen Unterschied machen. Hier sind einige effektive Tools und Strategien zur Aufrechterhaltung der Konsistenz:

- **Aufgabenverwaltungs-Apps:** Apps wie Todoist, Trello oder

Microsoft To Do können dabei helfen, Aufgaben und Zeitpläne zu organisieren. Mit diesen Apps können Sie Erinnerungen einrichten, Checklisten erstellen und Ihre Fortschritte im Laufe des Tages verfolgen.

- **Visuelle Timer und Alarme:** Visuelle Timer können ADHS-Personen dabei helfen, bei der Sache zu bleiben und die Zeit effektiver zu verwalten. Stellen Sie Alarme ein, um Übergänge zwischen Aktivitäten zu signalisieren, damit Sie Ihre Routine einhalten können, ohne abgelenkt zu werden.

- **Verantwortungspartner:** Wenn Sie einen Verantwortungspartner haben – sei es Ihr Ehepartner, ein Freund oder ein Coach – können Sie Ihre Routine im Auge behalten. Regelmäßige Check-ins sorgen für Motivation und Erfolgserlebnisse.

- **Gewohnheitstrinker:** Verwenden Sie einen Habit Tracker, um Ihren Fortschritt bei Routinen zu überwachen. Das Markieren jeder erledigten Aufgabe ist eine visuelle Erinnerung an Ihren Fortschritt und ein verstärkt positives Verhalten. Habit-Tracker gibt es in vielen Formen, von physischen Tagebüchern bis hin zu digitalen Apps wie Habitica oder Streaks. Diese Tools sind besonders nützlich, um im Laufe der Zeit Konsistenz aufzubauen.

- **Täglicher Check-in mit Ihrem Partner:** Nehmen Sie sich am Ende eines jeden Tages ein paar Minuten Zeit, um gemeinsam Ihre Routine zu überprüfen. Besprechen Sie, was funktioniert hat und was nicht, und nehmen Sie bei Bedarf Anpassungen vor. Diese Praxis fördert die kontinuierliche Kommunikation und stellt sicher, dass sich beide Partner bei der Aufrechterhaltung der Routine unterstützt fühlen.

- **Verwenden Sie visuelle Hinweise:** Visuelle Hinweise wie Haftnotizen, Wandtafeln oder farbcodierte Kalender können dazu beitragen, Routinen zu stärken und sicherzustellen, dass wichtige Aufgaben nicht vergessen werden. Wenn Sie beispielsweise einen Zettel neben der Haustür anbringen, um Sie an die Schlüssel zu erinnern, oder eine Checkliste in der Küche aufstellen, kann die Wahrscheinlichkeit verringert werden, dass Sie Schritte verpassen.

Aufbau von Konsistenz durch positive Verstärkung

In einer ADHS-Ehe ist es wichtig, kleine Siege und Fortschritte zu feiern, anstatt sich nur auf das zu konzentrieren, was nicht funktioniert. Positive Verstärkung kann beiden Partnern helfen, motiviert und engagiert bei der Aufrechterhaltung ihrer Routinen zu bleiben. Erkennen und feiern Sie, wenn Routinen erfolgreich befolgt werden, sei es durch mündliches Lob, kleine Belohnungen oder einfach durch Anerkennung der geleisteten Anstrengung.

Diese Routinen unterstützen nicht nur die Fähigkeit des ADHS-Partners, mit seinen Symptomen umzugehen, sondern stärken auch die allgemeine Grundlage Ihrer Beziehung.

Kapitel 11: ADHS und psychische Gesundheit: Umgang mit Depressionen, Angstzuständen und Stress

Das Leben mit ADHS umfasst oft mehr als nur die Bewältigung der Symptome Ablenkbarkeit, Impulsivität oder Hyperaktivität. Es kann sich auch mit anderen psychischen Erkrankungen wie Angstzuständen, Depressionen und chronischem Stress überschneiden. Bei Paaren können diese psychischen Probleme erhebliche Auswirkungen auf beide Partner und die Beziehungsdynamik haben. Für die Aufrechterhaltung einer gesunden Ehe ist es von entscheidender Bedeutung, zu verstehen, wie ADHS mit der psychischen Gesundheit zusammenhängt, und Strategien zur gegenseitigen Unterstützung zu entwickeln.

Wie ADHS mit psychischen Erkrankungen zusammenhängt

Menschen mit ADHS sind anfälliger für komorbide psychische Erkrankungen wie Angstzustände und Depressionen. Die ständigen Herausforderungen bei der Bewältigung von ADHS-Symptomen wie Desorganisation, Vergesslichkeit und emotionale Dysregulation können zu Frustration, geringem Selbstwertgefühl und chronischem Stress führen. Im Laufe der Zeit können diese Herausforderungen zu Gefühlen der Hoffnungslosigkeit oder der Sorge um die Bewältigung des täglichen Lebens führen, was sich zu ernsteren psychischen Problemen entwickeln kann.

- **ADHS und Depression:** ADHS kann das Risiko einer Depression erhöhen, da Menschen mit ADHS oft mit anhaltenden Gefühlen der Leistungsschwäche, des Versagens oder der Schuldgefühle kämpfen, weil sie Schwierigkeiten haben,

Erwartungen zu erfüllen. Dies kann zu einem Gefühl der Wertlosigkeit, sozialem Rückzug und in manchen Fällen zu einer klinischen Depression führen.

- **ADHS und Angst:** ADHS-bedingte Ängste können auf Schwierigkeiten beim Zeitmanagement, beim Erledigen von Aufgaben oder beim Aufrechterhalten von Beziehungen zurückzuführen sein. Die überwältigende Natur dieser Herausforderungen kann zu einem ständigen Zustand der Sorge oder der Angst führen, nicht in der Lage zu sein, damit umzugehen, was zu chronischer Angst führt.

- **Chronischer Stress:** Die kumulative Wirkung von ADHS-Symptomen – kombiniert mit den Anforderungen von Arbeit, Ehe und Familienleben – kann zu chronischem Stress führen. Dieser Stress kann zu einem Hindernis für das emotionale Wohlbefinden und die Intimität in der Beziehung werden.

Strategien zur Bewältigung von Ängsten und Depressionen als Paar

Wenn einer oder beide Partner mit Angstzuständen oder Depressionen zu kämpfen haben, ist es wichtig, zusammenzuarbeiten, um ein unterstützendes Umfeld zu schaffen. Hier sind einige Strategien, mit denen Paare diese Herausforderungen bewältigen können:

- **Offene Kommunikation:** Beginnen Sie mit offenen und ehrlichen Gesprächen über die psychische Gesundheit. Beide Partner sollten sich wohl fühlen, ihre Probleme ohne Angst vor einem Urteil zu teilen. Seien Sie unterstützend und hören Sie aktiv zu. Seien Sie sich darüber im Klaren, dass psychische Probleme kein Ausdruck persönlichen

Versagens, sondern Teil der ADHS-Erfahrung sind.

- **Richten Sie Routine-Check-ins ein:** Regelmäßige emotionale Check-ins ermöglichen es beiden Partnern, ihre Gefühle einzuschätzen und frühe Anzeichen von Angstzuständen oder Depressionen zu erkennen. Diese Check-ins können dazu beitragen, eine Eskalation psychischer Probleme zu verhindern und bieten die Möglichkeit, bei Bedarf Unterstützung anzubieten.

- **Nehmen Sie an gemeinsamen Aktivitäten zum Stressabbau teil:** Um Stress abzubauen und das geistige Wohlbefinden zu fördern, unternehmen Sie als Paar stressabbauende Aktivitäten wie Spaziergänge, Yoga oder gemeinsames Meditieren. Gemeinsame Aktivitäten reduzieren nicht nur Stress, sondern stärken auch die emotionale Bindung und fördern das Partnerschafts Gefühl.

- **Über Selbstmitgefühl:** Ermutigen Sie sich gegenseitig, Selbstmitgefühl zu üben und Selbstkritik zu vermeiden. Das Leben mit ADHS kann schwierig sein, und es ist wichtig zu erkennen, dass Rückschläge keine Misserfolge, sondern Teil des Prozesses sind. Erinnern Sie sich gegenseitig daran, dass es in Ordnung ist, um Hilfe zu bitten und sich Zeit für die Selbstfürsorge zu nehmen.

- **Überwachen Sie Auslöser und Muster:** Überwachen Sie gemeinsam Auslöser, die Angstzustände oder Depressionen verschlimmern können. Beispielsweise können Schlafmangel, schlechte Ernährung oder Überlastung die Symptome verschlimmern. Durch die

Identifizierung dieser Auslöser können Paare Anpassungen vornehmen, um ihre Auswirkungen zu reduzieren.

Ich suche professionelle Hilfe und Therapie

Trotz aller Bemühungen können Angstzustände, Depressionen oder Stress manchmal ein professionelles Eingreifen erfordern. Die Suche nach einer Therapie oder Beratung kann einen sicheren Raum bieten, um zugrunde liegende Probleme zu erforschen, Bewältigungsstrategien zu entwickeln und die Beziehung zu stärken.

- **Einzeltherapie:** Durch die Einzeltherapie kann sich jeder Partner auf seine psychischen Gesundheitsbedürfnisse konzentrieren und Bewältigungsstrategien erlernen, die auf seine spezifischen Herausforderungen zugeschnitten sind. Die kognitive Verhaltenstherapie (CBT) ist ein besonders wirksamer Ansatz zur Behandlung von ADHS, Angstzuständen und Depressionen.

- **Paartherapie:** Eine Paartherapie kann Partnern dabei helfen, die Komplexität des Lebens mit ADHS und psychischen Erkrankungen zu bewältigen. Ein ausgebildeter Therapeut kann beiden Partnern helfen, die Kommunikation zu verbessern, Konflikte zu bewältigen und Strategien zur gegenseitigen Unterstützung zu entwickeln.
- **Medikamente:** Bei einigen Personen können Medikamente zur Behandlung von Angstzuständen, Depressionen oder ADHS-Symptomen erforderlich sein. Es ist wichtig, eng mit einem Gesundheitsdienstleister zusammenzuarbeiten, um den richtigen Behandlungsplan zu finden. Eine offene Kommunikation zwischen den Partnern über den

Medikamentengebrauch und seine Auswirkungen auf Stimmung und Verhalten ist unerlässlich.

Pflege von mentalem Wohlbefinden und Selbstpflege Routinen

Die Aufrechterhaltung des geistigen Wohlbefindens erfordert ein kontinuierliches Engagement für die Selbstfürsorge. Hier sind einige Strategien zur Förderung des geistigen Wohlbefindens als Paar:

- **Priorisieren Sie den Schlaf:** Guter Schlaf ist für die psychische Gesundheit von entscheidender Bedeutung, insbesondere für Menschen mit ADHS. Richten Sie eine einheitliche Schlafroutine ein, die einen erholsamen Schlaf beider Partner fördert.
- **Gesunde Ernährung und Bewegung:** Eine ausgewogene Ernährung und regelmäßige körperliche Aktivität können die

Stimmung verbessern und Stress reduzieren. Kochen Sie gemeinsam gesunde Mahlzeiten oder nehmen Sie sich die Zeit, als Paar Sport zu treiben, um gemeinsame Fitnessziele zu erreichen.

- **Achtsamkeit und Meditation:** Achtsamkeitsübungen wie Meditation oder Atemübungen können Stress reduzieren, die Konzentration verbessern und die emotionale Regulierung verbessern. Die Integration dieser Praktiken in Ihren Alltag kann beiden Partnern helfen, mit ADHS-bedingten Angstzuständen und Depressionen umzugehen.

- **Grenzen setzen:** Sorgen Sie dafür, dass Sie beide Zeit zum Entspannen und Erholen haben. Das Festlegen von Grenzen bei Arbeit, sozialen Verpflichtungen und persönlicher Zeit ermöglicht es jedem Partner,

neue Energie zu tanken und einem
Burnout vorzubeugen.

Kapitel 12: Vertrauen aufbauen und Schäden reparieren

Vertrauen ist das Fundament jeder gesunden Ehe, aber ADHS-bedingte Verhaltensweisen können manchmal mit der Zeit das Vertrauen untergraben. Vergesslichkeit, Impulsivität, emotionale Ausbrüche oder die inkonsistente Einhaltung von Verpflichtungen können zu Missverständnissen, Enttäuschungen oder sogar Verrat führen.

Wie ADHS-Verhalten das Vertrauen in eine Ehe untergraben kann

ADHS-Verhalten kann das Vertrauen auf verschiedene Weise unbeabsichtigt schädigen:

- **Versäumte Verpflichtungen:** Wenn ein ADHS-Partner seine

Versprechen vergisst oder nicht einhält, kann dies dazu führen, dass sich der Nicht-ADHS-Partner enttäuscht, unwichtig oder vernachlässigt fühlt.

- **Impulsivität und schlechtes Urteilsvermögen:** Impulsive Entscheidungen, wie z. B. zu viel Geld auszugeben oder ohne Rücksicht auf die Konsequenzen zu handeln, können Gefühle des Verrats hervorrufen, insbesondere wenn sie das finanzielle oder emotionale Wohlergehen des Paares beeinträchtigen.

- **Emotionale Dysregulation:** ADHS-bedingte emotionale Ausbrüche oder Stimmungsschwankungen können dem Partner, der nicht an ADHS leidet, schaden und ein Gefühl der Instabilität und Unsicherheit in der Beziehung erzeugen.

- **Inkonsistenz:** Inkonsistentes Verhalten, wie z. B. ein schwankendes Maß an Engagement oder Aufmerksamkeit, kann dazu führen, dass sich der Nicht-ADHS-Partner unsicher über die Zuverlässigkeit und das Engagement seines Partners fühlt.

Schritte zur Wiederherstellung des Vertrauens nach Missverständnissen oder Verrat

Der Wiederaufbau des Vertrauens erfordert von beiden Partnern Zeit, Mühe und Geduld. Hier sind die wichtigsten Schritte, um das Vertrauen in eine ADHS-Ehe wiederherzustellen:

- **Erkennen Sie die Auswirkungen an:** Beide Partner müssen die Verhaltensweisen oder Handlungen, die das Vertrauen überhaupt beschädigt haben, offen anerkennen. Dazu gehört eine ehrliche Kommunikation darüber, wie sich diese Verhaltensweisen auf die Beziehung ausgewirkt haben, und die gegenseitige Bestätigung der Gefühle des anderen.

- **Übernehmen Sie Verantwortung:** Der ADHS-Partner muss Verantwortung für seine Handlungen übernehmen und sich dafür einsetzen, Verhaltensweisen zu verbessern, die Schaden verursachen. Dieser Schritt ist entscheidend, um Verantwortung und Veränderungsbereitschaft zu demonstrieren.

- **Bieten Sie echte Entschuldigungen an:** Eine aufrichtige Entschuldigung ist ein entscheidender Schritt, um das Vertrauen wiederherzustellen. Der ADHS-Partner sollte den von ihm verursachten Schmerz anerkennen und den echten Wunsch nach Wiedergutmachung zum Ausdruck bringen.

- **Grenzen und Erwartungen festlegen:** Um das Vertrauen wiederherzustellen, müssen klare Grenzen und Erwartungen für die Zukunft festgelegt werden. Beide Partner sollten sich darauf einigen, welche Verhaltensweisen akzeptabel sind und wie sie zusammenarbeiten, um künftige Vertrauensbrüche zu verhindern.

Transparenz und Verantwortlichkeit entwickeln

Transparenz und Verantwortlichkeit sind unerlässlich, um das Vertrauen in eine ADHS-Ehe wiederherzustellen. So können Paare diese Prinzipien umsetzen:

- **Offene Kommunikation:** Regelmäßige und offene Kommunikation über Gefühle, Sorgen und Erwartungen hilft beiden Partnern, im Einklang zu bleiben und Missverständnisse zu vermeiden.

- **Halten Sie Versprechen ein:** Der ADHS-Partner sollte sich bewusst bemühen, seine Verpflichtungen einzuhalten. Der Einsatz von Tools wie Erinnerungen, Alarmen oder To-Do-Listen kann dazu beitragen, dass Versprechen eingehalten werden.

- **Erstellen Sie Verantwortung Systeme:** Die Implementierung von Verantwortlichkeit Systemen, wie z. B. gemeinsame Kalender oder regelmäßige Check-ins, kann beiden Partnern dabei helfen, ihren Pflichten nachzukommen. Diese Systeme stellen sicher, dass Aufgaben erledigt und Verpflichtungen eingehalten werden.

- **Seien Sie ehrlich in Bezug auf Kämpfe:** Wenn der ADHS-Partner Schwierigkeiten hat, einer

Verpflichtung nachzukommen, ist es wichtig, seinem Ehepartner gegenüber ehrlich zu sein, anstatt die Schwierigkeit zu verheimlichen. Die offene Diskussion von Herausforderungen kann weiteren Vertrauens Brüchen vorbeugen und es beiden Partnern ermöglichen, Probleme gemeinsam zu lösen.

Stärkung der emotionalen Bindung zur Stärkung des Vertrauens

Beim Wiederaufbau von Vertrauen geht es nicht nur darum, vergangene Probleme zu lösen, sondern auch darum, die emotionale Verbindung für die Zukunft zu stärken. Durch die Stärkung der emotionalen Bindung können Paare eine widerstandsfähigere Beziehung aufbauen, in der Vertrauen auf natürliche Weise gedeiht.

- **Verbringen Sie wertvolle Zeit miteinander:** Die gemeinsame Teilnahme an sinnvollen Aktivitäten trägt dazu bei, die emotionale Intimität wiederherzustellen. Ganz gleich, ob es sich um Verabredungen, intensive Gespräche oder die Ausübung von Hobbys handelt – wertvolle Zeit fördert die Nähe und stärkt das Vertrauen.

- **Über Vergebung:** Um das Vertrauen wiederherzustellen, müssen vergangene Fehler vergeben werden. Beide Partner müssen darauf hinarbeiten, den Groll loszulassen und sich auf die Zukunft der Beziehung zu konzentrieren. Vergebung bedeutet nicht, zu vergessen, aber es bedeutet, Raum für Wachstum und Veränderung zu lassen.
- **Feiern Sie den Fortschritt:** Erkennen Sie die kleinen Siege und Verbesserungen in Ihrer Beziehung an und feiern Sie sie. Das Erkennen positiver Veränderungen stärkt die Vorstellung, dass das Vertrauen

wiederhergestellt werden kann und dass sich die Beziehung in die richtige Richtung entwickelt.

Kapitel 13: Liebessprachen: Mit Verständnis die Kluft überbrücken

Jede Beziehung lebt vom Ausdruck von Liebe, aber wenn es um ADHS geht, kann es eine Herausforderung sein, Zuneigung auf eine Weise zu kommunizieren, die bei beiden Partnern Anklang findet. Bestätigung, Worte, Diensthandlungen, das Empfangen von Geschenken, wertvolle Zeit und körperliche Berührung – und wie sie sich in einer ADHS-Ehe auswirken.

Erkundung der Liebessprachen in einer ADHS-Ehe

Das Konzept der Liebessprachen bietet Einblicke in die Art und Weise, wie Menschen am liebsten Liebe geben und empfangen. In Ehen, in denen ADHS eine Rolle spielt, kann das Erkennen und Verstehen der Liebessprache des anderen dazu beitragen, Missverständnisse zu mildern und eine tiefere emotionale Bindung zu fördern.

- **Worte der Bestätigung:** Menschen, die bestätigende Worte schätzen, fühlen sich am meisten geliebt, wenn sie verbale Äußerungen der Wertschätzung, Ermutigung oder Liebe hören. In einer ADHS-Ehe fällt es dem ADHS-Partner jedoch möglicherweise schwer, seine Gedanken klar auszudrücken, oder er vergisst regelmäßig bestätigende Worte zu sagen. Dies kann bei Nicht-ADHS-Partner zu Gefühlen der Vernachlässigung oder Unsicherheit führen. Die Entwicklung von Strategien zur regelmäßigen Kommunikation verbaler Wertschätzung kann helfen, diese Lücke zu schließen.
- **Diensthandlungen:** Für manche sagen Taten mehr als Worte und sie

fühlen sich am meisten geliebt, wenn ihr Partner hilfreiche Aufgaben oder Hausarbeiten erledigt. ADHS kann diese Dynamik jedoch erschweren, da der ADHS-Partner möglicherweise mit einer Funktionsstörung der Führungskraft zu kämpfen hat, die seine Fähigkeit beeinträchtigt, Haushaltsaufgaben oder -pflichten zu erfüllen. Der Umgang mit dieser Diskrepanz erfordert Geduld und kreative Lösungen, die es beiden Partnern ermöglichen, sich unterstützt zu fühlen.

- **Geschenke erhalten:** Für Partner, die Wert auf Geschenke legen, sind Liebesbeweise eine greifbare Erinnerung an die Liebe. Impulsivität, ein häufiges ADHS-Merkmal, kann zu ungeplanten, spontanem Schenken führen, was einen Partner, der diese Liebessprache mag, erfreuen kann.

Allerdings können impulsive Ausgaben ohne wohlüberlegte Absicht nach hinten losgehen. Der Schlüssel liegt darin, ein Gleichgewicht zwischen durchdachten Schenken und dem Umgang mit impulsivem Verhalten zu finden.

- **Qualitätszeit:** Bei einer guten Zeit geht es darum, ganz bei Ihrem Partner präsent zu sein und ihm Ihre ungeteilte Aufmerksamkeit zu schenken. In einer ADHS-Ehe können Ablenkungen, Hyperfokussierung oder die Unfähigkeit, präsent zu bleiben, zu Spannungen führen, wenn sich ein Partner ignoriert oder vernachlässigt fühlt. Durch gezielte Planung und die Minimierung von Ablenkungen bei gemeinsamen Aktivitäten kann dafür gesorgt werden, dass sich beide Partner verbunden fühlen.

- **Körperliche Berührung:** Manche Menschen fühlen sich durch körperliche Berührung am meisten geliebt, etwa durch Umarmungen, Küsse oder Händchenhalten. ADHS-bedingte Symptome wie Unruhe oder Unwohlsein bei längeren Körperkontakt können diese Form der Erkrankung beeinträchtigen. Die Bedürfnisse jedes Partners zu verstehen und zu respektieren und gleichzeitig Kompromisse für körperliche Nähe zu finden, kann die Intimität verbessern.

Wie sich ADHS auf den Ausdruck von Liebe und Zuneigung auswirkt

ADHS kann sich darauf auswirken, wie Liebe und Zuneigung in einer Ehe ausgedrückt und angenommen werden. Häufige ADHS-bedingte Herausforderungen wie Vergesslichkeit, Ablenkbarkeit und emotionale Dysregulation können dazu führen, dass der ADHS-Partner

Schwierigkeiten hat, die emotionalen Bedürfnisse seines Partners zu erfüllen. Hier sind einige Möglichkeiten, wie sich ADHS auf Liebessprachen auswirken kann:

- **Inkonsistenz:** Ein ADHS-Partner zeigt möglicherweise an einem Tag Liebe und Zuneigung, vergisst dies aber am nächsten Tag oder unterlässt es, dies zu tun, was bei dem Nicht-ADHS-Partner zu Gefühlen der Inkonsistenz und Verwirrung führt.
- **Hyperfokus und Vernachlässigung:** Während Hyperfokus manchmal zu intensiven Zuneigungs- oder Aufmerksamkeits Bekundungen führen kann, kann es auch dazu führen, dass der ADHS-Partner so sehr in eine Aufgabe oder Aktivität vertieft ist, dass er die Bedürfnisse seines Partners unbeabsichtigt vernachlässigt.

- **Emotionale Ausbrüche:** Emotionale Dysregulation bei ADHS kann zu Ausbrüchen oder Stimmungsschwankungen führen, die der Beziehung schaden und dazu führen können, dass sich der Partner, der nicht an ADHS leidet, ungeliebt oder nicht wertgeschätzt fühlt.

Lernen Sie, Liebe auf eine Weise zu kommunizieren, die bei Ihrem Partner Anklang findet

Um die Kluft zu überbrücken und sicherzustellen, dass sich beide Partner geliebt fühlen, müssen Paare lernen, Liebe auf eine Art und Weise zu kommunizieren, die einander widerspiegelt. So geht's:

- **Identifizieren Sie die Liebessprachen des anderen:** Führen Sie ein offenes Gespräch über Ihre primären und sekundären Liebessprachen. Der erste Schritt zur Überbrückung dieser Kluft besteht darin, zu verstehen, wie Ihr Partner am liebsten Liebe empfängt.

- **Über Achtsamkeit in Zuneigung:** Ermutigen Sie den ADHS-Partner, darauf zu achten, wie er Liebe ausdrückt. Dies kann das Einrichten von Erinnerungen umfassen, um etwas Freundliches zu sagen, das Planen absichtlicher Hilfsmaßnahmen oder das Einplanen hochwertiger Zeit, um sicherzustellen, dass diese Bedürfnisse konsequent erfüllt werden.
- **Setzen Sie realistische Erwartungen:** Seien Sie realistisch, was jeder Partner bieten kann, und kommunizieren Sie offen über die Erwartungen. Der Nicht-ADHS-Partner muss möglicherweise seine Erwartungen anpassen, um den Herausforderungen des

ADHS-Partners gerecht zu werden, während der ADHS-Partner an Strategien arbeitet, um den Bedürfnissen seines Ehepartners gerecht zu werden.

- **Erstellen Sie einen Aktionsplan für die Liebessprache:** Entwickeln Sie einen Plan, der die Liebessprachen des anderen in das tägliche Leben integriert. Dazu kann das Einrichten von Erinnerungen, das Planen bestimmter Zeiten für die Qualitätszeit oder das Verfolgen nachdenklicher Gesten gehören, die bei Ihrem Partner Anklang finden.

Liebessprachen in das tägliche Leben integrieren

Es muss nicht kompliziert sein, Liebessprachen in Ihren Alltag zu integrieren. Hier einige praktische Ideen:

- **Für bestätigende Worte:** Nehmen Sie sich jeden Tag Zeit, um eine SMS zu senden oder eine Nachricht zu hinterlassen, in der Sie Ihre Liebe oder Wertschätzung für Ihren Partner zum Ausdruck bringen.

- **Für Diensthandlungen:** Bieten Sie an, eine Hausarbeit oder eine Aufgabe zu übernehmen, die Ihrem Partner nicht gefällt. Kleine, konsequente Dienste können viel dazu beitragen, Liebe zu zeigen.

- **Für den Erhalt von Geschenken:** Wählen Sie sorgfältig kleine, bedeutungsvolle Geschenke für Ihren Partner aus, zum Beispiel seinen Lieblingssnack oder eine herzliche handgeschriebene Karte.

- **Für Quality Time:** Planen Sie regelmäßige Verabredungen Abende ein oder erstellen Sie ein tägliches Ritual, z. B. einen gemeinsamen Kaffee am Morgen, bei dem Sie ohne Ablenkung Kontakte knüpfen können.

- **Für körperliche Berührung:** Priorisieren Sie körperliche Zuneigung den ganzen Tag über, auch wenn es nur eine Umarmung vor dem Weg zur Arbeit oder Händchenhalten beim Spaziergang ist.

Kapitel 14: Funktionsstörungen der Exekutive und Haushaltspflichten

Eine Funktionsstörung der Exekutive, ein Kernsymptom von ADHS, kann die Fähigkeit, Haushaltspflichten zu bewältigen, erheblich beeinträchtigen. Eine Funktionsstörung der Führungskraft beeinträchtigt die Planung, Organisation, das Initiieren von Aufgaben und das Einhalten von Verpflichtungen, was zu

Frustration und Konflikten in einer Ehe führen kann.

Funktionsstörungen von Führungskräften verstehen und wie sie sich auf die Hausarbeit auswirken

Eine Funktionsstörung der Führungskraft beeinträchtigt die Fähigkeit einer Person, Aufgaben zu bewältigen, die Organisation, Zeitmanagement und anhaltende Konzentration erfordern. Für Menschen mit ADHS kann dies dazu führen, dass alltägliche Hausarbeiten überwältigend werden, was zu Aufschub, Unordnung und Spannungen zwischen den Partnern führt.

- **Schwierigkeiten beim Initiieren von Aufgaben:** ADHS-Partner haben möglicherweise Schwierigkeiten, mit der Hausarbeit zu beginnen, selbst wenn sie wissen, was zu tun ist. Dies kann zu Verzögerungen oder unerledigten Aufgaben führen und den Partner, der nicht an ADHS leidet, frustrieren.

- **Schlechtes Zeitmanagement:** Die Erledigung von Aufgaben kann aufgrund von Schwierigkeiten beim Zeitmanagement und bei der Konzentration länger dauern. ADHS-Partner lassen sich leicht ablenken und springen von einer Aufgabe zur nächsten, ohne eine davon zu erledigen.

- **Mangelnde Organisation:** Für Menschen mit ADHS kann es eine Herausforderung sein, ein organisiertes Zuhause aufrechtzuerhalten. Möglicherweise fällt es ihnen schwer, Systeme zu erstellen, mit denen sie den Überblick über Haushaltsgegenstände behalten oder Aufgaben erledigen können, was zu Unordnung und Desorganisation führt.

- **Vergesslichkeit:** Das Vergessen von Hausarbeiten, Terminen oder Haushaltspflichten kommt bei Menschen mit ADHS häufig vor. Dies kann zu Spannungen führen, wenn der Partner ohne ADHS das Gefühl hat, dass er eine größere Last trägt.

Praktische Lösungen für die Aufteilung der Verantwortlichkeiten im Haushalt

Trotz der Herausforderungen, die eine Funktionsstörung von Führungskräften mit sich bringt, gibt es praktische Strategien, die Paare anwenden können, um die Verantwortung im Haushalt effektiver zu teilen:

- **Erstellen Sie übersichtliche Aufgabenlisten:** Entwickeln Sie detaillierte Aufgabenlisten, die größere Aufgaben in kleinere, überschaubare Schritte aufteilen. Anstatt zum Beispiel „Küche putzen" zu schreiben, unterteilen Sie es in Schritte wie „Geschirrspülen", „Theken abwischen" und „Müll rausbringen".

- **Verwenden Sie visuelle Erinnerungen und Timer:** Visuelle Erinnerungen wie Haftnotizen oder Aufgabenpläne können dem ADHS-Partner dabei helfen, den Überblick über seine Pflichten zu behalten. Timer können auch hilfreich sein, um Aufgaben in zeitlich festgelegte Intervalle zu unterteilen, Ablenkungen zu vermeiden und den Fortschritt sicherzustellen.

- **Richten Sie eine Routine ein:** Die Entwicklung einer konsistenten Haushalt Routine kann es dem ADHS-Partner erleichtern, Aufgaben vorherzusehen und zu erledigen. Regelmäßig geplante Aufgaben, wie zum Beispiel „Jeden Samstagmorgen saugen", können mit der Zeit zu Gewohnheiten werden, wodurch der Bedarf an ständigen Erinnerungen verringert wird.

- **Aufgaben Rotation:** Verteilen Sie die Hausarbeit so, dass sich beide Partner die Verantwortung teilen. Dies kann verhindern, dass sich ein Partner überfordert fühlt, und sicherstellen, dass der ADHS-Partner klare, definierte Aufgaben hat, für die er verantwortlich ist.

Klare Rollen und Erwartungen festlegen

Eine klare Kommunikation über die Rollen und Erwartungen im Haushalt ist in einer ADHS-Ehe unerlässlich. So etablieren Sie diese effektiv:

- **Besprechen Sie Stärken und Vorlieben:** Sprechen Sie offen über die Stärken und Vorlieben jedes Partners, wenn es um die Hausarbeit geht. Beispielsweise könnte der ADHS-Partner bei Aufgaben, die Kreativität erfordern, hervorragende Leistungen erbringen, bei sich wiederholenden Aufgaben jedoch Schwierigkeiten bereiten. Weisen Sie nach Möglichkeit Verantwortlichkeiten basierend auf Stärken zu.

- **Setzen Sie klare Erwartungen:** Beide Partner sollten eine klare Vorstellung davon haben, was von ihnen erwartet wird. Wenn beispielsweise ein Partner für das Kochen des Abendessens verantwortlich ist, könnte der andere für das Aufräumen verantwortlich sein. Das Setzen dieser Erwartungen trägt dazu bei, Frustration und Groll zu reduzieren.

- **Flexibilität ermöglichen:** Während Rollen und Erwartungen wichtig sind, ist es ebenso wichtig, Flexibilität zu ermöglichen. Der ADHS-Partner benötigt möglicherweise mehr Zeit, um Aufgaben zu erledigen, oder benötigt möglicherweise Erinnerungen. Flexibilität und Verständnis können helfen, Spannungen abzubauen.

Mit Frustration umgehen und unterstützende Systeme schaffen

Haushaltspflichten können eine Quelle der Frustration sein, insbesondere wenn eine Führungsstörung es dem ADHS-Partner erschwert, konsequent seinen Beitrag zu leisten. Hier sind Strategien zum Umgang mit Frustration und zum Aufbau unterstützender Systeme:

- **Nutzen Sie positive Verstärkung:** Ermutigen und loben Sie den ADHS-Partner für die Erledigung von Aufgaben, auch von kleinen.

Positive Verstärkung und Motivation des ADHS-Partners, weiterhin einen Beitrag zum Haushalt zu leisten. Die Konzentration auf Fortschritt statt auf Perfektion fördert ein positives Umfeld, in dem sich beide Partner für ihre Bemühungen wertgeschätzt fühlen.

- **Teilen Sie Aufgaben in überschaubare Abschnitte auf:** Wenn sich der ADHS-Partner mit großen Aufgaben überfordert fühlt, teilen Sie diese in kleinere, besser zu bewältigende Teile auf. Anstatt beispielsweise das gesamte Wohnzimmer auf einmal zu bearbeiten, beginnen Sie damit, den Couchtisch abzuräumen oder nur einen Teil des Raums zu saugen. Allmähliche Fortschritte sind besser als gar keine.

- **Delegieren und zusammenarbeiten:** Wenn sich

Aufgaben überwältigend anfühlen, arbeiten Sie zusammen, anstatt alles an einen Partner zu delegieren. Das gemeinsame Erledigen von Aufgaben, auch nur für kurze Zeiträume, kann die Belastung verringern und dem ADHS-Partner das Gefühl geben, unterstützt zu werden.

- **Üben Sie Geduld und Mitgefühl:** Beide Partner sollten die Aufgaben im Haushalt mit Geduld und Mitgefühl angehen. Verstehen Sie, dass ADHS selbst einfache Aufgaben schwieriger machen kann. Der Nicht-ADHS-Partner kann davon profitieren, sich daran zu erinnern, dass eine Funktionsstörung der Führungskraft keine Wahl ist, und der ADHS-Partner kann die Auswirkungen seines Verhaltens auf den Haushalt anerkennen.

- **Nutzen Sie Technologien und Tools:** Nutzen Sie Apps und Tools, die bei der Organisation, Erinnerungen und Aufgabenverwaltung helfen können. Apps wie Todoist, Trello oder Time Timer können dem ADHS-Partner dabei helfen, organisiert und verantwortlich zu bleiben.

- **Regelmäßige Check-ins:** Richten Sie regelmäßige Check-ins ein, um die Haushaltspflichten zu überprüfen und bei Bedarf anzupassen. Eine offene Kommunikation ermöglicht es beiden Partnern, Bedenken zu äußern, Herausforderungen zu erkennen und Erfolge bei der Bewältigung von Haushaltsaufgaben zu feiern.

Kapitel 15: Grenzen und ADHS: Gesunde Grenzen in der Ehe setzen

Grenzen sind in jeder Ehe von entscheidender Bedeutung, aber in Beziehungen, in denen ADHS eine Rolle spielt, werden sie noch wichtiger. Gesunde Grenzen tragen dazu bei, das emotionale Wohlbefinden beider Partner zu schützen und gleichzeitig sicherzustellen, dass die Bedürfnisse jedes Einzelnen erfüllt werden. Wenn ADHS-Verhaltensweisen wie Impulsivität, Ablenkbarkeit oder Vergesslichkeit zu Stress oder Spannungen in der Beziehung führen, bieten Grenzen einen Rahmen für die Aufrechterhaltung von Gleichgewicht und Respekt.

Die Bedeutung von Grenzen in einer ADHS-Beziehung

In ADHS-Ehen dienen Grenzen als Schutzmaßnahme für beide Partner. Sie helfen dabei, den persönlichen Freiraum, emotionale

Grenzen und die Erwartungen zu definieren, die jeder Partner an die Beziehung hat. Ohne klare Grenzen kann das ADHS-Verhalten unbeabsichtigt das Sicherheitsgefühl des Nicht-ADHS-Partners beeinträchtigen und zu Gefühlen der Überforderung, Frustration oder Groll führen.

- **Grenzen bewahren, emotionale Gesundheit:** Das Festlegen von Grenzen hilft, emotionales Burnout zu verhindern, indem sichergestellt wird, dass jeder Partner die Grenzen des anderen respektiert. Dies kann alles umfassen, von der Festlegung von Grenzen für die berufliche und private Zeit bis hin zur Festlegung emotionaler Grenzen bei hitzigen Auseinandersetzungen.
- **Grenzen fördern Respekt:** Bei Grenzen geht es um gegenseitigen Respekt. Sie verhindern, dass ADHS-bedingte Herausforderungen

wie Impulsivität oder Hyperfokus in Bereiche eindringen, die der Beziehung schaden könnten. Durch das Setzen von Grenzen in Bezug auf Ausgabe Gewohnheiten oder Zeitmanagement wird beispielsweise sichergestellt, dass sich beide Partner respektiert und wertgeschätzt fühlen.

- **Grenzen fördern Eigenverantwortung:** In ADHS-Ehen ermutigen Grenzen beider Partner, persönliche Verantwortung für ihre Handlungen und ihr Verhalten zu übernehmen. Klare Erwartungen in Bezug auf Aufgaben, Finanzen und emotionale Bedürfnisse helfen dem ADHS-Partner, Verantwortung zu übernehmen, und befähigen den Nicht-ADHS-Partner, sich für seine eigenen Bedürfnisse einzusetzen.

Wie man Grenzen kommuniziert, durchsetzt und respektiert

Das Setzen und Durchsetzen von Grenzen in einer ADHS-Ehe erfordert offene Kommunikation, gegenseitiges Verständnis und Beständigkeit. So machen Sie es effektiv:

- **Identifizieren Sie Schlüsselbereiche für Grenzen:** Beginnen Sie damit, die Bereiche in Ihrer Beziehung zu identifizieren, in denen Grenzen am nötigsten sind. Dazu können Zeitmanagement, persönlicher Freiraum, Finanzen oder Kommunikationsstile während eines Konflikts gehören. Beide Partner sollten besprechen, was sie in diesen Bereichen voneinander benötigen.
- **Nutzen Sie eine klare und mitfühlende Kommunikation:** Grenzen sollten klar und mitfühlend kommuniziert werden. Vermeiden Sie anklagende Sprache oder

Schuldzuweisungen. Drücken Sie Ihre Bedürfnisse stattdessen auf eine Art und Weise aus, die zum Verständnis einlädt. Sagen Sie zum Beispiel: „Ich fühle mich überfordert, wenn wir Entscheidungen in letzter Minute treffen." "Können wir uns darauf einigen, die Dinge mindestens einen Tag im Voraus zu planen?"“

- **Setzen Sie realistische und flexible Grenzen:** Grenzen sollten realistisch sein und die Herausforderungen von ADHS berücksichtigen. Seien Sie flexibel und verstehen Sie, dass der ADHS-Partner gelegentlich Schwierigkeiten haben kann, bestimmte Erwartungen zu erfüllen. Schaffen Sie feste, aber nicht starre Grenzen, die Kompromisse und Wachstum ermöglichen.

- **Grenzen konsequent durchsetzen:** Sobald Grenzen gesetzt sind, müssen beide Partner diese konsequent durchsetzen. Das bedeutet, Ihren Partner freundlich, aber bestimmt daran zu erinnern, wenn eine Grenze überschritten wird, und seine Wichtigkeit zu betonen. Konsistenz trägt dazu bei, im Laufe der Zeit Vertrauen und Respekt für die Grenzen aufzubauen.

- **Respektieren Sie die Grenzen Ihres Partners:** Ebenso wichtig ist es, die von Ihrem Partner gesetzten Grenzen zu respektieren. Beide Partner sollten sich dazu verpflichten, die Grenzen des anderen zu respektieren, auch wenn ADHS-Symptome dies zu einer Herausforderung machen könnten.

Unabhängigkeit mit Zusammengehörigkeit in Einklang bringen

In einer ADHS-Ehe kann es eine heikle Angelegenheit sein, Unabhängigkeit mit

Zweisamkeit in Einklang zu bringen. Während Sie eine schöne Zeit miteinander verbringen möchten, ist es ebenso wichtig, die persönliche Unabhängigkeit zu bewahren, um Co-Abhängigkeit oder emotionales Burnout zu verhindern.

- **Autonomie fördern:** Beide Partner sollten Zeit für ihre eigenen Interessen, Hobbys und Selbstfürsorge haben. Dies ist besonders wichtig für den Nicht-ADHS-Partner, der möglicherweise Zeit braucht, um sich von den Anforderungen der Bewältigung der ADHS-bezogenen Herausforderungen der Beziehung zu erholen.
- **Planen Sie gemeinsam Quality Time:** Bringen Sie Autonomie mit bewusster Zusammengehörigkeit in Einklang. Nehmen Sie sich regelmäßig Zeit für Aktivitäten, die Ihre Bindung stärken, sei es für

Verabredungen, Spaziergänge oder einfach nur für einen ruhigen gemeinsamen Abend.

- **Nutzen Sie Grenzen, um das Gleichgewicht zu wahren:** Grenzen hinsichtlich der Zeit, in der man alleine und zusammen ist, können dabei helfen, dieses Gleichgewicht herzustellen. Beispielsweise benötigt der ADHS-Partner möglicherweise Grenzen in Bezug auf Arbeit oder Hobbys, um sicherzustellen, dass er die Beziehung nicht vernachlässigt, während der Nicht-ADHS-Partner möglicherweise Grenzen setzt, um seine persönliche Zeit zu schützen.

Die Beziehung vor Burnout schützen

ADHS kann das Risiko eines Beziehungs-Burnouts erhöhen, insbesondere für den Nicht-ADHS-Partner, der möglicherweise eine eher fürsorgliche Rolle übernimmt. Das Setzen von Grenzen für emotionale und körperliche Energie kann dazu beitragen, die Beziehung vor einem Burnout zu schützen und dafür zu sorgen, dass beide Partner engagiert und erfüllt bleiben.

- **Setzen Sie der Pflege Grenzen:** Während es selbstverständlich ist, Ihren Partner unterstützen zu wollen, muss der Nicht-ADHS-Partner vermeiden, sich hauptberuflich um die Betreuung zu kümmern. Grenzen hinsichtlich der Aufteilung von Verantwortung, Zeit und Energie können dazu beitragen, dass die Betreuung nicht zu einer alles verschlingenden Aufgabe wird.
- **Priorisieren Sie die Selbstfürsorge beider Partner:** Ermutigen Sie beide Partner, sich an Selbstfürsorge-Praktiken zu beteiligen, die ihre emotionalen Reserven wieder auffüllen. Dazu können Hobbys, Bewegung,

Therapie oder Zeit mit Freunden gehören. Wenn Sie auf sich selbst aufpassen, haben Sie beide mehr Energie, die Sie in die Beziehung investieren können.

Kapitel 16: Sich gegenseitig unterstützen: Teamkollegen werden

Die Ehe ist eine Partnerschaft, und in einer ADHS-Ehe ist es entscheidend, dass sich beide Partner unterstützt und verbunden fühlen. Allerdings kann es eine Herausforderung sein, Unterstützung zu leisten, ohne in die Rolle des Betreuers zu schlüpfen.

So unterstützen Sie einen ADHS-Partner, ohne zum Betreuer zu werden

Die Unterstützung eines Partners mit ADHS erfordert ein empfindliches Gleichgewicht. Während es wichtig ist, emotionale und praktische Unterstützung zu leisten, ist es ebenso wichtig, nicht zum Betreuer zu werden, da dies zu Ungleichgewicht und Unmut führen kann. So finden Sie dieses Gleichgewicht:

- **Stärken Sie Ihren ADHS-Partner:** Konzentrieren Sie

sich darauf, Ihren Partner zu befähigen, die Verantwortung für die Behandlung seiner ADHS-Symptome zu übernehmen. Ermutigen Sie sie, Tools, Apps oder Therapien zu nutzen, um Ihre Zeit, Aufgaben und Emotionen zu verwalten. Beim Anbieten von Unterstützung geht es nicht darum, alles für sie zu tun, sondern ihnen vielmehr dabei zu helfen, die Fähigkeiten aufzubauen, die sie benötigen, um unabhängig und erfolgreich zu sein.

- **Setzen Sie klare Grenzen für die Pflege:** Definieren Sie, wo die Unterstützung endet und die Betreuung beginnt. Es ist beispielsweise in Ordnung, Ihren Partner an einen wichtigen Termin zu erinnern, aber es ist nicht Ihre Aufgabe, jedes Detail seines Tages zu verwalten. Setzen Sie Grenzen, die Ihre Zeit und Energie schützen.

- **Fördern Sie die gemeinsame Problemlösung:** Wenn Herausforderungen auftreten, arbeiten Sie gemeinsam an Lösungen, anstatt das Problem zu lösen. Ermutigen Sie Ihren ADHS-Partner, sich aktiv an der Lösung von Problemen zu beteiligen, sei es bei der Verwaltung der Finanzen, der Kindererziehung oder der Organisation des Haushalts.

- **Feiern Sie Ihre Bemühungen und Erfolge:** Bieten Sie ihm Ermutigung und feiern Sie die Erfolge Ihres Partners, egal wie klein diese auch sein mögen. Die Anerkennung ihrer Fortschritte trägt dazu bei, Selbstvertrauen aufzubauen und die Bindung als Team zu stärken.

Aufbau gegenseitiger Unterstützungssysteme

Starke Ehen beruhen auf gegenseitiger Unterstützung, in der sich beide Partner gegenseitig ermutigt und ermutigt fühlen. Hier sind einige Möglichkeiten, ein unterstützendes System in Ihrer Ehe aufzubauen:

- **Fördern Sie eine offene Kommunikation:** Schaffen Sie einen sicheren Raum für offene Kommunikation, in dem beide Partner ihre Bedürfnisse, Frustrationen und Wünsche äußern können. Regelmäßige Check-ins tragen dazu bei, dass sich jede Person gehört und verstanden fühlt.
- **Teilen Sie die Verantwortlichkeiten gleichermaßen:** Auch wenn ADHS einige Anpassungen erfordert, sollten beide Partner zur Beziehung und zum Haushalt beitragen. Eine gerechte Aufteilung der Verantwortlichkeiten verhindert, dass sich ein Partner überlastet

fühlt, und stellt sicher, dass der ADHS-Partner ein aktiver Mitwirkender bleibt.

- **Bauen Sie gemeinsam ein Support-Netzwerk auf:** Ermutigen Sie beide Partner, ein breites Unterstützungsnetzwerk außerhalb der Ehe aufzubauen, sei es durch Freunde, Familie oder Selbsthilfegruppen. Ein Netzwerk trägt dazu bei, den Druck auf die Ehe zu verringern und alle emotionalen Bedürfnisse zu erfüllen.

Empathie, Geduld und Ermutigung kultivieren

ADHS kann manchmal zu Missverständnissen, Frustration und emotionaler Distanz führen. Die Entwicklung von Empathie, Geduld und Ermutigung trägt dazu bei, eine starke emotionale Grundlage für die Beziehung aufzubauen.

- **Üben Sie Empathie:** Versuchen Sie, die Dinge aus der Perspektive Ihres Partners zu sehen. Verstehen Sie, dass ADHS eine neurologische Erkrankung ist, die die Art und Weise beeinflusst, wie sie Informationen und Emotionen verarbeiten. Wenn Sie Empathie üben, können Sie Herausforderungen mit mehr Verständnis und weniger Frustration angehen.

- **Seien Sie geduldig miteinander:** Geduld ist in einer ADHS-Ehe unerlässlich. Es wird Rückschläge und Herausforderungen geben, aber wenn Sie geduldig bleiben und sich auf die langfristige Gesundheit der Beziehung konzentrieren, können Sie diese Hindernisse gemeinsam überwinden.

- **Ermutigen Sie sich gegenseitig zum Wachstum:** Beide Partner sollten die größten Unterstützer des anderen sein. Ermutigen Sie zu persönlichem Wachstum, sei es beim Erlernen neuer Bewältigungsstrategien für ADHS, beim Verfolgen persönlicher Ziele oder beim Erreichen von Meilensteinen in Ihrem gemeinsamen Leben.

Gemeinsam Erfolge und kleine Siege feiern

In einer ADHS-Ehe ist es wichtig, die Siege zu feiern – große und kleine. Wenn es um ADHS geht, sieht der Erfolg möglicherweise anders aus, aber die Anerkennung von Fortschritt und Wachstum stärkt Ihre Bindung und hält die Beziehung positiv.

- **Bestätigen Sie die Siege:** Nehmen Sie sich Zeit, Ihre Erfolge als Paar zu feiern. Dies kann so einfach sein, wie eine Woche lang erfolgreich an einer Routine festzuhalten oder einen Konflikt ohne Eskalation zu lösen. Durch das Feiern dieser

Siege bleibt der Fokus auf dem Fortschritt und nicht auf den Herausforderungen.

- **Erstellen Sie Rituale zum Feiern:** Entwickeln Sie Rituale, um Erfolge zu feiern, sei es ein Date-Abend nach dem Erreichen eines Ziels oder einfach nur das Teilen anerkennender Worte am Ende des Tages. Diese Momente stärken Ihre Verbindung und erinnern Sie beide an die Freude in Ihrer Beziehung.

- **Schauen Sie sich das Gesamtbild an:** Denken Sie bei Herausforderungen daran, einen Schritt zurückzutreten und darüber nachzudenken, wie weit Sie schon gekommen sind. Der Weg in eine ADHS-Ehe ist ein Prozess des kontinuierlichen Wachstums, und indem Sie sich auf Ihre gemeinsamen Siege konzentrieren, können Sie Ihre Partnerschaft und Widerstandsfähigkeit stärken.

Kapitel 17: ADHS und Sucht: Umgang mit Impulsivität und zwanghaftem Verhalten

ADHS und Sucht gehen aufgrund der bei ADHS häufig auftretenden Impulsivität, dem Streben nach Belohnung und den Schwierigkeiten bei der Selbstregulierung oft Hand in Hand. Ob Drogenmissbrauch, Glücksspiel, Einkaufen oder sogar die Nutzung des Internets – Sucht kann sowohl den Einzelnen als auch seine Ehe tiefgreifend beeinträchtigen.

Den Zusammenhang zwischen ADHS und Sucht verstehen

Untersuchungen zeigen, dass Menschen mit ADHS anfälliger für Suchtverhalten sind als die Allgemeinbevölkerung. Diese Anfälligkeit ist auf die Kernmerkmale von ADHS zurückzuführen, darunter Impulsivität, das Bedürfnis nach sofortiger Befriedigung und die Schwierigkeit, Belohnungen hinauszuzögern. Das Belohnungssystem des Gehirns ist bei

Menschen mit ADHS möglicherweise nicht ausreichend aktiv, was dazu führt, dass sie externe Stimulation durch Substanzen oder Verhaltensweisen suchen, die einen schnellen Dopamin Stoß bewirken.

- **Impulsivität und Risikobereitschaft:** Personen mit ADHS können impulsives oder riskantes Verhalten an den Tag legen, ohne die langfristigen Folgen vollständig zu berücksichtigen. Diese Impulsivität erhöht die Wahrscheinlichkeit, mit Suchtmitteln oder Suchtverhalten zu experimentieren, was schnell zu einer Abhängigkeit führen kann.
- **Selbstmedikation:** Manche Menschen mit ADHS greifen auf Substanzen wie Alkohol, Drogen oder zwanghaftes Verhalten zurück, um ihre Symptome selbst zu behandeln. Substanzen scheinen eine Linderung von Hyperaktivität,

Angstzuständen oder Unruhe zu bewirken, führen jedoch häufig zu weiteren Problemen.

- **Gleichzeitig auftretende Bedingungen:** Viele Menschen mit ADHS leiden auch unter gleichzeitig auftretenden psychischen Erkrankungen wie Angstzuständen oder Depressionen. Diese Erkrankungen können das Suchtrisiko weiter erhöhen, da Einzelpersonen möglicherweise Substanzen oder Verhaltensweisen verwenden, um mit emotionalem Stress umzugehen.

Suchtverhalten erkennen und bekämpfen

Die frühzeitige Erkennung von Suchtverhalten ist der Schlüssel zur Vermeidung schwerwiegender Probleme in der Zukunft. In einer ADHS-Ehe sollten sich beide Partner der Warnzeichen einer Sucht bewusst sein und bereit sein, bei Bedarf einzugreifen.

- **Anzeichen einer Sucht erkennen:** Achten Sie auf Verhaltensänderungen, die auf eine Sucht hinweisen könnten, wie z. B. erhöhte Geheimhaltung, Stimmungsschwankungen, Rückzug aus sozialen Aktivitäten oder eine Beschäftigung mit bestimmten Substanzen oder Aktivitäten. Auch impulsive Entscheidungen, die sich negativ auf Finanzen, Beziehungen oder Gesundheit auswirken, können ein Warnsignal sein.

- **Bedenken ohne Urteil zu kommunizieren:** Wenn Sie den Verdacht haben, dass Ihr Partner mit Suchtverhalten zu kämpfen hat, gehen Sie vorsichtig und ohne Urteilsvermögen an das Gespräch heran. Verwenden Sie „Ich"-Aussagen, um Ihre Besorgnis über Ihr Wohlergehen und die Auswirkungen Ihres Verhaltens auf die Beziehung auszudrücken. Zum Beispiel: „Ich mache mir Sorgen darüber, wie viel Sie in letzter Zeit getrunken haben und wie sich das auf Ihre Gesundheit auswirkt."

- **Ermutigende professionelle Hilfe:** Ermutigen Sie Ihren Partner, professionelle Hilfe von einem Therapeuten oder Sucht Spezialisten in Anspruch zu nehmen. Die Behandlung kann je nach Art und Schwere der Sucht eine Therapie, Selbsthilfegruppen, Medikamente oder eine Kombination dieser Ansätze umfassen.

Strategien zum Umgang mit Impulsivität und zur Suchtprävention

Die Suchtprävention in ADHS-Ehen erfordert proaktive Strategien zum Umgang mit Impulsivität und zum Aufbau gesunder Bewältigungsmechanismen.

- **Achtsamkeit und Impulskontrolle:** Achtsamkeitsübungen können Menschen mit ADHS dabei helfen, sich ihrer Impulse bewusster zu werden und durchdachte Entscheidungen zu treffen. Techniken wie tiefes Atmen, Meditation und Erdungsübungen können dabei helfen, den Drang zum impulsiven Handeln zu reduzieren.

- **Grenzen für riskantes Verhalten setzen:** Legen Sie klare Grenzen für potenziell süchtig machende Aktivitäten fest, z. B. die Begrenzung des Alkoholkonsums, die Vermeidung von Glücksspielen oder die Begrenzung der Zeit, die Sie auf bestimmten Websites verbringen. Beide Partner sollten sich über diese Grenzen einigen und sich gegenseitig zur Rechenschaft ziehen.

- **Entwicklung gesunder Bewältigungsmechanismen:** Ermutigen Sie den Einsatz gesunder Bewältigungsstrategien wie Bewegung, kreative Möglichkeiten oder Hobbys, um mit Stress und emotionalen Auslösern umzugehen. Das Ersetzen von Suchtverhalten durch positive Aktivitäten kann die Wahrscheinlichkeit eines Rückfalls verringern.

- **Aufbau eines Support-Netzwerks:** Ein starkes Unterstützungsnetzwerk ist für die Suchtprävention unerlässlich. Ermutigen Sie beide Partner, Kontakte zu Freunden, Familie oder Selbsthilfegruppen aufzubauen, die die Herausforderungen von ADHS und Sucht verstehen. Diese Beziehungen bieten Verantwortung und Ermutigung in schwierigen Zeiten.

Unterstützen Sie Ihren Partner auf seinem Genesungsweg

Wenn Ihr Partner mit einer Sucht zu kämpfen hat, ist es wichtig, ihm Unterstützung anzubieten, ohne sein Verhalten zuzulassen. Genesung ist ein langer und herausfordernder Prozess, und ein unterstützender Partner kann einen großen Unterschied machen.

- **Seien Sie geduldig und mitfühlend:** Die Genesung von Sucht braucht Zeit und ist oft mit Rückschlägen verbunden. Üben Sie Geduld und Mitgefühl und verstehen Sie, dass Ihr Partner hart daran arbeitet, eine schwierige Herausforderung zu meistern.
- **Fördern Sie Behandlung und Selbstfürsorge:** Unterstützen Sie die Genesung Ihres Partners, indem Sie ihn ermutigen, an Therapien, Selbsthilfegruppen oder

Behandlungsprogrammen
teilnehmen. Geben Sie gleichzeitig
der Selbstfürsorge Vorrang und
stellen Sie sicher, dass Sie über die
emotionalen und physischen
Ressourcen verfügen, um Ihren
Partner zu unterstützen, ohne
überfordert zu werden.

- **Gemeinsam Meilensteine feiern:**
  Genesung ist eine Reise kleiner
  Siege. Feiern gemeinsam
  Meilensteine, sei es eine Woche
  Nüchternheit, eine erfolgreiche
  Therapiesitzung oder die
  Entwicklung einer neuen gesunden
  Gewohnheit. Das Erkennen von
  Fortschritten verstärkt positive
  Veränderungen und stärkt Ihre
  Bindung.

Kapitel 18: Die Kraft von Therapie und Coaching

Therapie und Coaching können für Paare von unschätzbarem Wert sein, um die Komplexität von ADHS in der Ehe zu bewältigen. Von der Verbesserung der Kommunikation bis hin zur Lösung tief verwurzelter Probleme wie Vertrauen und emotionaler Regulierung kann professionelle Beratung Paaren dabei helfen, neue Wege für ein gemeinsames Gedeihen zu finden.

Die Vorteile von Therapie und Coaching in ADHS-Ehen

Therapie und Coaching bieten Paaren eine sichere, strukturierte Umgebung, in der sie ihre Herausforderungen angehen und auf eine gesündere Dynamik hinarbeiten können. Für ADHS-Ehen können die Vorteile tiefgreifend sein:

- **Verbesserte Kommunikation:** Therapeuten und Coaches helfen

Paaren, effektivere Kommunikationsstrategien zu entwickeln, indem sie ihnen beibringen, ihre Bedürfnisse auszudrücken, aktiv zuzuhören und häufige Fallstricke wie Schuldzuweisungen und Abwehrhaltung zu vermeiden.

- **Gemeinsam ADHS verstehen:** Die Therapie bietet beiden Partnern die Möglichkeit, ihr Verständnis darüber zu vertiefen, wie sich ADHS auf ihre Beziehung auswirkt. Dieses erhöhte Bewusstsein ermöglicht mehr Empathie und weniger Frustration, da beide Partner lernen, gemeinsam mit den ADHS-Symptomen umzugehen.

- **Bewältigung emotionaler und verhaltensbezogener Herausforderungen:** Therapeuten können Paaren dabei helfen, emotionale Herausforderungen wie Vertrauensprobleme, Ängste oder

Groll zu bewältigen, während Coaches sich auf die Entwicklung praktischer Fähigkeiten wie Zeitmanagement, Organisation und Zielsetzung konzentrieren. Zusammen bieten sie einen ganzheitlichen Ansatz zur Behandlung von ADHS in der Ehe.

- **Stärkung der emotionalen Verbindung:** Die Therapie hilft Paaren, die emotionale Intimität wiederherzustellen, indem sie die zugrunde liegenden Probleme angeht, die möglicherweise zu Trennung oder Groll geführt haben. Paare lernen, wie sie sich wieder verbinden, ihre Bindung reparieren und eine stärkere Grundlage für ihre Zukunft schaffen können.

So finden Sie den richtigen Therapeuten oder Coach für Ihre Beziehung

Den richtigen Therapeuten oder Coach für Ihre Beziehung zu finden, ist ein entscheidender

Schritt auf Ihrem Weg. Hier sind einige Tipps, wie Sie die beste Passform auswählen:

- **Suchen Sie nach ADHS-Expertise:** Nicht alle Therapeuten oder Trainer sind mit ADHS vertraut, daher ist es wichtig, jemanden zu finden, der Erfahrung in der Arbeit mit ADHS-Paaren hat. Fragen Sie potenzielle Therapeuten nach ihrer Ausbildung, Erfahrung und Herangehensweise an ADHS.
- **Berücksichtigen Sie Ihre spezifischen Bedürfnisse:** Abhängig von Ihren Herausforderungen profitieren Sie möglicherweise mehr von einer Therapie, die sich auf emotionale und Beziehungsprobleme konzentriert, oder von einem Coaching, das praktische Werkzeuge für die Bewältigung des täglichen Lebens mit ADHS bietet.

Einige Paare können von einer Kombination aus beidem profitieren.

- **Kompatibilität bewerten:** Die Beziehung zwischen Ihnen und Ihrem Therapeuten oder Coach ist der Schlüssel zu Ihrem Erfolg. Suchen Sie nach jemandem, bei dem sich beide Partner wohl, respektiert und verstanden fühlen. Eine gute Passform fördert einen offenen, ehrlichen Dialog.
- **Entdecken Sie verschiedene Therapiearten:** Es gibt verschiedene Therapieansätze, die für ADHS-Paare von Nutzen sein können, darunter kognitive Verhaltenstherapie (CBT), emotionsfokussierte Therapie (EFT) und Paarberatung. Insbesondere CBT ist dafür bekannt, Menschen mit ADHS dabei zu helfen, mit Impulsivität,

negativen Gedankenmustern und Verhaltensweisen umzugehen.

Therapiearten, die bei ADHS-Paaren gut funktionieren

Mehrere Therapieansätze haben sich als besonders wirksam erwiesen, um Paaren bei der Bewältigung von ADHS-bedingten Herausforderungen zu helfen:

- **Kognitive Verhaltenstherapie (CBT):** CBT hilft Menschen mit ADHS, Bewältigungsstrategien für den Umgang mit Impulsivität, Aufschub und negativem Selbstgespräch zu entwickeln. In einer Pattsituation kann CBT die Kommunikation verbessern und beiden Partnern helfen, gesündere Verhaltensweisen zu entwickeln.
- **Emotionsfokussierte Therapie (EFT):** EFT konzentriert sich auf die Stärkung der emotionalen Bindung zwischen Partnern durch

die Lösung von Bindungsproblemen und die Verbesserung der emotionalen Reaktionsfähigkeit. Es ist besonders nützlich für Paare, die mit Trennungen oder häufigen Konflikten zu kämpfen haben.

- **Paarberatung:** Traditionelle Paarberatung kann Partnern dabei helfen, die Kommunikation zu verbessern, Konflikte zu lösen und Probleme im Zusammenhang mit ADHS anzugehen, wie etwa Vertrauen, emotionale Distanz oder unterschiedliche Erwartungen.

- **ADHS-Coaching:** ADHS-Coaches arbeiten mit Einzelpersonen oder Paaren zusammen, um praktische Fähigkeiten zur Bewältigung von ADHS-Symptomen zu entwickeln. Coaching-Sitzungen können sich auf Zeitmanagement, Organisation, Zielsetzung und Verantwortlichkeit konzentrieren.

Therapie Praktiken in den Alltag integrieren

Die in der Therapie und im Coaching gewonnenen Erkenntnisse sollten über die Sitzung hinaus in Ihr tägliches Leben einfließen. Hier sind einige Möglichkeiten, diese Praktiken in Ihre Beziehung zu integrieren:

- **Erstellen Sie tägliche Check-ins:** Richten Sie regelmäßige Check-ins ein, um zu besprechen, wie es Ihnen beiden geht, was gut funktioniert und was angepasst werden muss. Diese Momente bieten eine Gelegenheit für kontinuierliches Wachstum und Verbindung.
- **Nutzen Sie Hilfsmittel aus der Therapie:** Wenden Sie die Kommunikationsstrategien, Bewältigungsmechanismen und Werkzeuge, die Sie in der Therapie

gelernt haben, auf Ihre alltäglichen Interaktionen an. Egal, ob Sie bei einer Meinungsverschiedenheit „Ich"-Aussagen verwenden oder Achtsamkeit üben, um mit Stress umzugehen, diese Tools können die Qualität Ihrer Beziehung verbessern.

- **Halten Sie den Schwung aufrecht:** Praktizieren Sie das Gelernte auch nach Ende der Therapie weiter. Überdenken Sie regelmäßig die Techniken und Strategien, die für Sie als Paar funktioniert haben, und passen Sie sie bei Bedarf an.

Kapitel 19: Aufbau einer erfolgreichen Partnerschaft trotz ADHS

Wenn Paare mit den Herausforderungen von ADHS zurechtkommen, ist es wichtig, ihre Denkweise zu ändern, statt nur die täglichen Höhen und Tiefen zu überstehen, und hin zu wirklichem Gedeihen als Paar. Eine blühende Partnerschaft nutzt die Stärken jedes Partners, fördert kontinuierliches Wachstum und sorgt für dauerhaftes Glück, indem sie sich auf gemeinsame Ziele und emotionale Bindung konzentriert.

Den Fokus vom Überleben auf das Gedeihen verlagern

ADHS kann eine Ehe belasten und viele Paare stecken in einer Überlebens-Mentalität fest – sie konzentrieren sich ausschließlich darauf, jeden Tag zu überstehen. Erfolg erfordert jedoch eine bewusste Verlagerung des Fokus auf das, was Sie gemeinsam erreichen können, und nicht auf das, was Sie ertragen müssen. Dieser Wandel umfasst mehrere Schlüsselkomponenten:

- **ADHS als Herausforderung und nicht als Einschränkung neu definieren:** Betrachten Sie ADHS nicht als etwas, das Ihre Beziehung einschränkt, sondern als eine Herausforderung, die Sie mit Kreativität und Beharrlichkeit meistern müssen. Diese Neuausrichtung trägt dazu bei, eine wachstumsorientierte Denkweise aufzubauen, bei der Hindernisse Chancen zum Lernen und zur Verbesserung darstellen.
- **Stärken hervorheben:** Jedes Paar, auch diejenigen, die mit ADHS zu kämpfen haben, haben einzigartige Stärken. Nehmen Sie sich Zeit, diese Stärken zu erkennen und zu feiern – sei es Humor, Belastbarkeit oder gemeinsame Werte. Nutzen Sie diese Stärken, um eine

positivere Dynamik in Ihrer Ehe zu schaffen.

- **Konzentrieren Sie sich auf das, was funktioniert:** Denken Sie darüber nach, welche Strategien, Routinen oder Ansätze in Ihrer Beziehung funktionieren, und verdoppeln Sie diese. Wenn sich Paare auf ihre Erfolge und nicht auf ihre Misserfolge konzentrieren, trägt dies dazu bei, den Schwung für eine blühende Partnerschaft zu stärken.

Praktische Strategien zur Aufrechterhaltung einer starken, glücklichen Ehe

Um in einer ADHS-Ehe erfolgreich zu sein, sind proaktive und bewusste Anstrengungen erforderlich. Hier sind einige praktische Strategien, die Paaren helfen können, eine starke, glückliche Ehe aufrechtzuerhalten:

- **Pflegen Sie eine offene und ehrliche Kommunikation:** Pflegen

Sie kontinuierlich eine offene Kommunikation, in der sich beide Partner gehört und respektiert fühlen. Überprüfen Sie regelmäßig, wie sich ADHS auf die Beziehung auswirkt und welche Anpassungen möglicherweise erforderlich sind.

- **Schaffen Sie ein Gleichgewicht aus Struktur und Flexibilität:** Während die Struktur für die Behandlung von ADHS wichtig ist, ist es ebenso wichtig, flexibel zu bleiben. Entwickeln Sie Routinen, die Stabilität bieten, aber angepasst werden können, wenn das Leben unvorhersehbar wird.
- **Priorisieren Sie emotionale Intimität:** ADHS kann die emotionale Verbindung erschweren, aber es ist wichtig, sich Zeit für emotionale Intimität zu nehmen. Pflegen Sie Ihre Beziehung regelmäßig durch intensive

Gespräche, gemeinsame Aktivitäten und Liebesbekundungen.

- **Investieren Sie in persönliches und gemeinsames Wachstum:** Ermutigen Sie sich gegenseitig, einzeln und als Paar weiter zu wachsen. Ob durch Therapie, Selbstverbesserung oder das Erlernen neuer Fähigkeiten – Investitionen in Wachstum halten Ihre Beziehung dynamisch und erfüllend.

Förderung von Wachstum, Lernen und gemeinsamen Zielen in der Beziehung

In einer erfolgreichen Ehe wachsen beide Partner weiter zusammen und verfolgen gleichzeitig ein gemeinsames Ziel. Um dieses Wachstum zu fördern:

- **Beteiligen Sie sich am lebenslangen Lernen:** ADHS ist komplex und beide Partner sollten sich dazu verpflichten, kontinuierlich zu lernen, welche Auswirkungen es auf die Beziehung hat. Lesen Sie Bücher, besuchen Sie Workshops und lassen Sie sich bei Bedarf beraten. Je mehr Sie wissen, desto besser sind Sie für die Bewältigung von Herausforderungen gerüstet.

- **Sich auf gemeinsame Werte und Ziele ausrichten:** Während Sie als Paar weiter wachsen, überdenken Sie regelmäßig Ihre gemeinsamen Werte und langfristigen Ziele. Sich auf das Wesentliche zu konzentrieren, hält die Beziehung auf dem Boden und stellt sicher, dass Sie beide in die gleiche Richtung gehen.

- **Feiern Sie Fortschritte und erkennen Sie Herausforderungen an:** Nehmen Sie sich Zeit, um die Fortschritte zu feiern, die Sie als Paar gemacht haben. Erkennen Sie an, wie weit Sie gekommen sind,

auch wenn noch Herausforderungen
zu bewältigen sind. Regelmäßige
Erfolge feiern die Beziehung
positiv und zukunftsorientiert.

Kapitel 20: Gemeinsam vorankommen: Ein Fahrplan für die Zukunft

Wenn Sie Ihre Reise durch dieses Buch abschließen, ist es an der Zeit, nach vorne zu blicken und gemeinsam einen Fahrplan für Ihre Zukunft zu erstellen. Um eine erfolgreiche Ehe mit ADHS aufzubauen, müssen Sie sich langfristige Ziele setzen, lebenslanges Lernen annehmen und angesichts unvermeidlicher Herausforderungen anpassungsfähig bleiben.

Als Paar langfristige Ziele setzen

Um gemeinsam voranzukommen, sollten sich Paare langfristige Ziele setzen, die ihre gemeinsame Vision für die Zukunft widerspiegeln. Diese Ziele geben auch in herausfordernden Zeiten Orientierung und Motivation:

- **Legen Sie Beziehungen Meilensteine fest:** Legen Sie

konkrete Meilensteine fest, die Sie als Paar erreichen möchten. Dazu können finanzielle Ziele, persönliche Wachstumsziele oder die Schaffung sinnvollerer Routinen gehören. Diese Meilensteine tragen dazu bei, dass Sie sich beide auf einen positiven Weg konzentrieren.

- **Überprüfen Sie Ihre Ziele regelmäßig und passen Sie sie an:** So wie sich das Leben verändert, sollten sich auch Ihre Ziele ändern. Legen Sie Wert darauf, Ihre Ziele regelmäßig zu überprüfen und sie bei Bedarf anzupassen, um die Entwicklung Ihrer Beziehung und Ihr persönliches Wachstum widerzuspiegeln.
- **Unterstützen Sie die individuellen Träume des anderen:** Während gemeinsame Ziele wichtig sind, sollte jeder Partner auch Raum haben, seine eigenen persönlichen Ziele zu verfolgen. Unterstützen Sie

die Träume des anderen und behalten Sie gleichzeitig Ihre Ehe im Mittelpunkt Ihres gemeinsamen Lebens.

Lebenslanges Lernen über ADHS und Beziehungen

ADHS kann nicht „behoben" oder beseitigt werden, aber es ist etwas, das durch Bildung und Selbsterkenntnis kontinuierlich behandelt werden kann. Durch lebenslanges Lernen wird sichergestellt, dass beide Partner informiert und befähigt bleiben, mit der sich ständig weiterentwickelnden Natur von ADHS und der Ehe umzugehen:

- **Bleiben Sie über die ADHS-Forschung auf dem Laufenden:** Es entstehen ständig neue Forschungsergebnisse und Strategien zur Behandlung von ADHS. Bleiben Sie durch Bücher, Podcasts und Seminare über die neuesten Erkenntnisse informiert.

Wenn Sie über aktuelle Informationen auf dem Laufenden bleiben, können Sie neue Techniken anwenden, die Ihrer Beziehung zugutekommen könnten.

- **Verfolgen Sie persönliches Wachstum und Beziehung Erziehung:** Nehmen Sie sich vor, sowohl als Einzelner als auch als Paar zu wachsen. Dies kann die Teilnahme an Beziehungs-Workshops, die Zusammenarbeit mit einem Coach oder die Suche nach einer fortlaufenden Therapie umfassen, um Ihre Kommunikation und Verbindung weiter zu verbessern.
- **Passen Sie sich an neue Herausforderungen an:** ADHS stellt in verschiedenen Lebensphasen unterschiedliche Herausforderungen dar. Bleiben Sie anpassungsfähig und bereit, Ihre Strategien anzupassen, wenn es um

Kindererziehung, berufliche Übergänge oder Alter geht, wenn diese neuen Herausforderungen auftauchen.

Angesichts von Herausforderungen anpassungsfähig und flexibel bleiben

Wie bei jeder Ehe ist Flexibilität der Schlüssel zum Bewältigen der unvermeidlichen Herausforderungen, die das Leben mit sich bringt. ADHS bringt eine zusätzliche Komplexitätsebene mit sich, aber mit der richtigen Einstellung können diese Herausforderungen erfolgreich gemeistert werden:

- **Gemeinsam den Wandel annehmen:** Das Leben ist voller Übergänge, und in einer blühenden Ehe passen sich beide Partner als Team an Veränderungen an. Ganz gleich, ob es darum geht, einen neuen Job zu bewältigen, umzuziehen oder sich an das Leben mit Kindern zu gewöhnen: Gehen Sie diese Übergänge mit Offenheit und einem gemeinsamen Sinn für das Ziel an.

- **Priorisieren Sie Problemlösung und Zusammenarbeit:** Wenn Herausforderungen auftreten, konzentrieren Sie sich auf die gemeinsame Problemlösung. Gehen Sie Probleme als Team an, wobei beide Partner Ideen, Anstrengungen und Unterstützung einbringen.

- **Fokus auf Resilienz:** Eine starke Ehe basiert auf Belastbarkeit – der Fähigkeit, sich aus Schwierigkeiten zu erholen und weiter voranzukommen. Fördern Sie Ihre Widerstandsfähigkeit, indem Sie sich gegenseitig unterstützen, in Verbindung bleiben und sich auf die positiven Aspekte Ihrer gemeinsamen Reise konzentrieren.

Gemeinsam eine gemeinsame Vision für Ihre Zukunft schaffen

Zu einer erfolgreichen ADHS-Ehe gehört schließlich auch die Schaffung einer gemeinsamen Vision für Ihre Zukunft, die Ihre Werte, Ziele und Wünsche als Paar widerspiegelt. Diese gemeinsame Vision bietet einen Fahrplan, der Sie motiviert und auf dem gleichen Weg hält, während Sie gemeinsam vorankommen:

- **Erstellen Sie ein Vision Board oder einen Zukunftsplan:** Setzen Sie sich zusammen und planen Sie Ihre ideale Zukunft. Besprechen Sie, wo Sie als Paar in fünf, zehn oder zwanzig Jahren stehen möchten. Ob es um finanzielle Sicherheit, Reisen oder die Gründung einer Familie geht: Eine klare Vision trägt dazu bei, Ihr gemeinsames Ziel zu festigen.
- **Denken Sie über Ihr Wachstum als Paar nach:** Nehmen Sie sich

Zeit, darüber nachzudenken, wie weit Sie gekommen sind und wie sich Ihre Beziehung entwickelt hat. Erkennen Sie an, wie ADHS Ihre Reise geprägt hat und wie Sie beide dadurch stärker geworden sind.

- **Setzen Sie sich für eine blühende Zukunft ein:** Gehen Sie eine bewusste Verpflichtung ein, gemeinsam erfolgreich zu sein. Trotz der Herausforderungen, die ADHS mit sich bringen kann, ist Ihre Zukunft rosig, wenn Sie weiterhin in Ihre Beziehung investieren, anpassungsfähig bleiben und sich gegenseitig bei jedem Schritt unterstützen.

Abschluss

In „Gedeihen mit ADHS in der Ehe: Ein Leitfaden für Paare mit bewährten Strategien zum Aufbau einer stärkeren, glücklicheren Beziehung" haben wir praktische und aufschlussreiche Strategien analysiert, die Ihnen helfen, die einzigartigen Herausforderungen zu meistern, die ADHS für Ihre Ehe mit sich bringt.

Die Auswirkungen von ADHS verstehen: Zu erkennen, wie sich ADHS auf beide Partner auswirkt, hilft bei der Bewältigung spezifischer Herausforderungen und der Suche nach wirksamen Lösungen. ADHS kann die Kommunikation, Konfliktlösung und die täglichen Routinen beeinflussen, sodass Bewusstsein und Empathie von entscheidender Bedeutung sind.

Effektive Kommunikation: Offene, ehrliche und einfühlsame Kommunikation ist die Grundlage einer gesunden Ehe. Klare

Diskussionen über Bedürfnisse, Erwartungen und Herausforderungen fördern eine tiefere Verbindung und reduzieren Missverständnisse.

Konfliktmanagement: Es ist wichtig, häufige Auslöser zu identifizieren und zu verstehen, wie ADHS Konflikte eskalieren lässt. Deeskalations- und Kompromiss-Techniken sowie ein Toolkit zur Konfliktlösung helfen dabei, Meinungsverschiedenheiten konstruktiv zu bewältigen.

Organisation und Zeitmanagement: ADHS erschwert oft die Organisation und das Zeitmanagement. Durch die Schaffung strukturierter Umgebungen, die Verwendung von Tools und Apps und die Balance zwischen Flexibilität und Vorhersehbarkeit kann die Effizienz im Haushalt und im Privatleben verbessert werden.

Finanzmanagement: Die Bewältigung häufiger finanzieller Probleme im Zusammenhang mit ADHS erfordert die Entwicklung finanzieller Verantwortung, den Einsatz von

Budgetierungstools und die Ausrichtung finanzieller Ziele, um impulsive Ausgaben zu bewältigen und Stabilität zu gewährleisten.

Erziehung: Die gemeinsame Erziehung mit ADHS stellt einzigartige Herausforderungen dar. Der Aufbau starker Elternpartnerschaften, die effektive Verwaltung von Haushaltspflichten und die Priorisierung der Selbstfürsorge sind der Schlüssel zu einer erfolgreichen Elternschaft.

Sex und Intimität: ADHS kann sexuelle Beziehungen und Intimität beeinträchtigen. Strategien zur Wiederbelebung der Leidenschaft, die Behandlung spezifischer Probleme wie Hyperfokus und Ablehnung, Empfindlichkeit sowie das Üben von Achtsamkeit können die emotionale und körperliche Verbindung verbessern.

Routinen erstellen: Routinen sind wichtig für die Stabilität in einer ADHS-Ehe. Die Entwicklung flexibler und dennoch funktionaler Tagespläne und die Verwendung von Tools, um Routinen einzuhalten und gleichzeitig

Spontaneität zu ermöglichen, tragen dazu bei, das Gleichgewicht zu bewahren.

Grenzen: Das Setzen und Respektieren von Grenzen schützt das emotionale Wohlbefinden und beugt Burnout vor. Klare Kommunikation und die Durchsetzung von Grenzen sowie die Balance zwischen Unabhängigkeit und Zusammengehörigkeit sind für eine gesunde Beziehung von entscheidender Bedeutung.

Sich gegenseitig unterstützen: Vermeiden Sie es, zum Betreuer zu werden, indem Sie Ihrem ADHS-Partner die Möglichkeit geben, Verantwortung zu übernehmen. Bauen Sie gegenseitige Unterstützungssysteme auf, üben Sie Empathie und feiern gemeinsam Erfolge, um Ihre Partnerschaft zu stärken.

Vertrauen aufbauen: ADHS-bedingte Verhaltensweisen können das Vertrauen beeinträchtigen. Um Vertrauen wiederherzustellen und aufrechtzuerhalten, gehören Transparenz, Verantwortlichkeit und die

Stärkung der emotionalen Bindung durch konsequentes Handeln und Kommunikation.

Liebessprachen: Das Verstehen und Integrieren der Liebessprachen des anderen hilft, Lücken in Zuneigung und Kommunikation zu schließen. Wenn Sie Ihre Liebesbekundungen auf das zuschneiden, was bei Ihrem Partner ankommt, entsteht eine tiefere Verbindung.

Funktionsstörung der Exekutive: Für die Bewältigung von Haushaltspflichten ist es erforderlich, die Funktionsstörung von Führungskräften zu verstehen. Praktische Lösungen, klare Rollen und unterstützende Systeme können dazu beitragen, Aufgaben effektiv zu verteilen und Frustrationen zu reduzieren.

Psychische Gesundheit: ADHS geht oft mit psychischen Problemen einher. Bewältigungsstrategien, professionelle Hilfe und Selbstpflege Routinen sind entscheidend für den Umgang mit Angstzuständen, Depressionen und Stress in der Beziehung.

Gedeihende Partnerschaft: Übergang vom Überleben zum Erfolg durch Betonung der Stärken, Konzentration auf das, was funktioniert, und Feiern des Fortschritts. Fördern Sie Wachstum, Lernen und ein gemeinsames Ziel, um eine blühende Beziehung aufzubauen.

Zukunftsplanung: Setzen Sie sich langfristige Ziele, nutzen Sie lebenslanges Lernen und bleiben Sie anpassungsfähig. Erstellen Sie eine gemeinsame Vision für Ihre Zukunft, damit sich Ihre Beziehung trotz anhaltender Herausforderungen weiterentwickeln und erfolgreich sein kann.

Ratschläge für den weiteren Weg

Setzen Sie sich für kontinuierliches Lernen ein: Beide Partner sollten über ADHS und die Beziehungsdynamik informiert bleiben. Kontinuierliche Weiterbildung stattet Sie mit neuen Werkzeugen und Erkenntnissen aus, um Herausforderungen effektiv zu bewältigen.

Üben Sie Geduld und Mitgefühl: ADHS kann anhaltende Schwierigkeiten bereiten, aber Geduld und Mitgefühl sind unerlässlich. Gehen Sie einander mit Empathie und Verständnis entgegen und erkennen Sie an, dass Wachstum Zeit braucht.

Feiern Sie Ihre Reise: Feiern Sie regelmäßig die Meilensteine und Erfolge, die Sie als Paar erreichen. Die Anerkennung Ihrer Fortschritte fördert die positive Einstellung und stärkt Ihr gegenseitiges Engagement.

Suchen Sie professionelle Unterstützung: Zögern Sie nicht, bei Bedarf professionelle Hilfe in Anspruch zu nehmen. Therapeuten, Berater und Selbsthilfegruppen können wertvolle Ratschläge und Strategien geben, die auf Ihre spezifischen Bedürfnisse zugeschnitten sind.

Resilienz fördern: Nutzen Sie die Widerstandsfähigkeit, die Sie als Paar entwickelt haben. Nutzen Sie es, um zukünftige Herausforderungen mit Zuversicht zu meistern, in dem Wissen, dass Ihr gemeinsames

Engagement und Ihre Bemühungen zu einer
blühenden und erfüllenden Ehe führen können.

www.ingramcontent.com/pod-product-compliance
Lightning Source LLC
Chambersburg PA
CBHW061338250726
48657CB00004B/1215